这是**新教育实验**十五年给予我的大礼

也是我给女儿的**结婚礼物**

与孩子共读共书

高子阳 / 著

山东城市出版传媒集团·济南出版社

图书在版编目（CIP）数据

与孩子共读共书／高子阳著．—济南：济南出版社，2017.5（2022.11 重印）
ISBN 978－7－5488－2550－0

Ⅰ.①与… Ⅱ.①高… Ⅲ.①读书方法—家庭教育②汉字—书法 Ⅳ.①G78　②G792　③J292.1

中国版本图书馆 CIP 数据核字（2017）第 087682 号

出版发行	济南出版社
地　　址	济南市二环南路 1 号（250002）
责任编辑	宋　涛
封面设计	刘　畅
印　　刷	济南万方盛景印刷有限公司
版　　次	2017 年 5 月第 1 版
印　　次	2022 年 11 月第 4 次印刷
成品尺寸	170mm×240mm　1/16
印　　张	12.25
字　　数	120 千字
定　　价	49.00 元

（济南版图书，如有印装质量问题，可随时调换。联系电话：0531－86131713）

共读共写的魔力

前些天子阳来信告诉我,自己又要出书了。这是一本比较特别的书。从2008年开始,他为昆山23所学校和上海、山东、福建等10多个省的学生父母做了百余场"与孩子共读共书"的讲座,超过10万名父母接受了培训。他说,"这本小书,是新教育实验爱我十五年的产物",他要把这本书的所有版税捐赠给新教育实验。

他还说,这本书是他送给女儿的新婚礼物。两位女儿也是在新教育理念熏陶下成长起来的,她们都没有超常的智商,都是普普通通的孩子。现在大女儿已经在复旦大学做博士后研究,在国外学术刊物发表了多篇论文;小女儿继承父业,在苏州一所学校担任老师,深受学校师生、校长和父母的喜爱。他告诉我,两位女儿都非常期待我能够为这本书写一个序言,让父亲这份不同寻常的新婚礼物更有不同寻常的意义。

君子成人之美,何况子阳是我的学生呢。于是,我花了一些时间读了书稿。尽管我不完全同意书中的有些观点,对其中的一些数据我也没有把握,但我还是被子阳对于阅读、写作的激情和信仰感动了,被他与

女儿共同成长的故事感动了。

子阳是我的第一位访问学者，从邳州教师进修学校来到苏州大学。当时的子阳，朴素厚道但锐利敏感，初生牛犊，敢想敢说，虽然基础不是很扎实，但求知和创造的欲望非常强烈。

恰逢新教育实验第一所学校在昆山玉峰实验学校启动，就将他派去，成为一名真正意义上的新教育实验教师。

在新教育实验的诸多行动中，他对于"营造书香校园"和"师生共写随笔"特别着迷，对于晨诵、午读、暮省和儿童阶梯阅读特别喜欢。于是，他在课堂和家庭两条战线同步展开了自己的探索，成为学校的新教育骨干教师。

他拼命地读书，拼命地写作。有一段时间，我经常去玉峰实验学校了解新教育实验开展的情况。记得有一次他告诉我，他每天读一本以上的童书，已经读了上千本了。我当时有点惊讶他读书的热情，甚至批评过他囫囵吞枣。

很快，子阳脱颖而出，成为新教育早期培养出来的一名特级教师。评上特级以后，他不仅没有懈怠停滞，仍然激情饱满地阅读、写作，仍然保持每年出版一本书，发表一二十篇文章的速度。

后来，新教育基金会委托他和管建刚老师、吴勇老师三人研发新教育的写作课程，可惜没有深入下去。对这件事情，我对他们多少有些失望，联系也少了一些。

这一次收到子阳的这本书稿，他突出强调的"共读共书"，正是对新教育实验"共读共写共同生活"理念的实践。无论是亲子共读、师生共读，还是生生共读，都是非常重要的新教育的阅读方式。通过共同阅读，才能有共同的语言、密码，共同的愿景和价值。这本书中，子阳和女儿的故事，就是最好的例证。教育其实就是唤醒，就是点燃。

我相信，子阳的这本书会唤醒和点燃读者朋友与孩子或者学生一起，真正捧起书本阅读、拿起笔写作的。这本书也会作为传家宝，让他未来的孙辈更加热爱阅读与写作的。而真正阅读和写作的人，一定也会发现共读共写的魔力的。

朱永新

2017年2月17日晨于北京滴石斋

2016 与 2017

2016年,我大女儿在她的生日那天领了结婚证。

是年农历腊月的吉日良辰,即2017年1月的那一天,他们结婚了。

这是我们家非常高兴的事,是我们家特大的喜事。

2017年,我女儿博士毕业并开启博士后工作学习。

这同样是我们家非常高兴的事,是我们家特大的喜事。

从2002至2017年,我参加新教育实验15年了。

参加新教育实验,让我与孩子有了成功的喜悦,是我们家非常高兴的事,一直也是我们最快乐的幸福事。

我早就打算,等女儿结婚,我要给女儿、女婿写一本书,所以在做新教育实验15年的日子里,写下这本书。这本书的名字就是——与孩子共读共书。

我没有给女儿什么嫁妆,这本书就算我给她的嫁妆。如果这本书得到了读者的喜爱,我愿意将所有的版税捐赠给新教育实验昌明基金会,

用于资助西部新教育实验学校的班级图书馆建设,以让更多的孩子爱上读,爱上书。这也是我们一家人的承诺。

我是从1998年开始给中小学老师、校长等做讲座,至今已有近400场讲座。我每一次讲座都非常用心,每一次讲座都会有一些创意在其中,熟知我的朋友常常这么说。但我清楚,再怎么准备,总有一些老师、校长不愿意听。老师及校长们都清楚,在自己的课堂上如果有人不听或者开了小差,哪怕只有一点点不像学生样,老师及校长肯定相当不舒服,甚至大发雷霆。给老师、校长们讲座,我内心里产生过许多不舒服,他们为什么不听呢?

我是从2008年开始给学生父母做讲座的。那一场,我讲了"你们的孩子该读多少书",终生难忘。会场上,是真的鸦雀无声,没有一人接打手机,没有一人走神,没有一人交头接耳,讲座结束,他们把我围在中间,问这问那……后来,每一年都有很多场专门给学生父母的讲座,算下来有百余场了。我给上海的多所幼儿园讲过,在山东、浙江、福建、陕西、安徽等地讲过,每一次的他们,都是那样的认真,很是奇怪。有人说是学校组织得好,但主办方的校长都没有这么说。校长们却说,每年都举办多次不同类型的家教培训活动,唯有这一次是最好的。

十年对学生父母进行培训,十万名学生父母。我觉得该把十年的这一实践结集成书了。

这本书写了什么?是我十年家庭教育专业讲座的记录与深思。这些内容能否让更多的读者跟着一起变呢?会场上,他们认真倾听,变了!

写在前面

会场下,他们热烈地给孩子买书,变了!相信你读完此书,也会立即行动起来——变,是肯定的。

亲爱的读者,请打开书吧!我有信心,你也要有信心。请你相信这本书,请你快速真做,坚持真做。

高子阳

2017 年 1 月 18 日

另:修订这本书,正值我二女儿的孩子一周岁。我的爱人一直在女儿那帮忙带小宝宝,我也一直催促她们每天给宝宝读故事。小宝宝五六个月时就拿着布书玩了,书上不少东西都认识了,对书没有任何抗拒。看着小宝宝对着书说这说那,女婿也格外开心。孩子一出生,我们的多读多书就开始了。二女儿选择一年来与宝宝生活的瞬间,画了很多画,写了很多诗,完成了一本小书《小样·第一年》。

多读多书,我们家没停止,但愿与此书有缘的朋友们一起多读多书。

2021 年 5 月 6 日

1. 真幸福与真成功 = 读 × 书 …………………………………… 001
2. 为了 60 岁后的不后悔 …………………………………………… 005
3. 要想孩子伟大，父母必须先伟大 …………………………… 009
4. 与女儿共同成长 ……………………………………………… 018
5. 每个孩子都是来打拼世界的 ………………………………… 030
6. 你们与孩子该读多少本书？
   ——"1525 + N"是一生的读书任务 ………………………… 034
7. 家庭作业做什么？ …………………………………………… 038
8. 爱上书，才能与众不同 ……………………………………… 045
9. 哪些数据能说服人必须要多读？ …………………………… 050
10. 0～3 岁的阅读与识字 3000 ………………………………… 057

11. 父母在"任期"内别把孩子外包 …………………………… 062

12. 一定要让孩子写毛笔字 …………………………………… 070

13. 莫让孩子死记硬背，13岁之后背一背《孟子》 ………… 075

14. 多读多书的科学根据（一）
    ——17岁之前多读，速读能力可养成 ………………… 086

15. 多读多书的科学根据（二）
    ——多读才能让你的孩子真正富有 …………………… 092

16. 多读多书的科学根据（三）
    ——让孩子学得更灵活 ………………………………… 098

17. 多读多书的科学根据（四）
    ——坚持一年多读，孩子的大脑才能开窍 …………… 105

18. 多读多书的科学根据（五）
    ——读得越多，写得越好 ……………………………… 110

19. 多读多书的科学根据（六）
    ——陪着孩子多读，分数会高，能力会超过普通人 … 115

20. 整本书阅读人人能用的方法（一）
    ——坚持大声朗读整本书给孩子听 …………………… 120

21. 整本书阅读人人能用的方法（二）
    ——与作家比智慧 ……………………………………… 128

22. 整本书阅读人人能用的方法（三）
    ——读书是欠债，写作是还债 ………………………… 134

23. 图画书（绘本）的阅读智慧 …………………… 143

24. 桥梁书的阅读智慧 …………………………… 157

25. 较厚的纯文字书的阅读智慧 ………………… 165

26. 与孩子一起书 ………………………………… 170

27. 为孩子多读多书做好准备 …………………… 177

写在后面：一起读书，共同行走 …………………… 181

1 真幸福与真成功 = 读 × 书

我给年轻的父母们这样解释"读书"：

好多年前，我发现"读书 = 读 + 书"。这一发现，让我边读边书，多读也尽可能多书。所以，我的书架上，有很多很多别人的著作，也有我写下的几本书。读师范时，我特别爱书法，一直到现在还特别喜欢欣赏书法作品。当发现自己某些话语具有创造性时，我就会用毛笔书写下来，自恋为书趣。我不觉得我的这种解释是掉书袋，我也不讨厌自己的这一发现。

我又发现，社会上普遍在使用"书香家庭""书香校园""书香社会"这类词语，其实很多人并不理解"书香"，他们认为"书香就是多读别人的书"。读是吸纳，把别人的香气吸收，但是这样的香如果没有转化成自己的香，没有创造出自己的香，总觉得这种读有问题！既然大家都不愿意使用"读书家庭""读书校园""读书社会"等词语，就该充分理解"书香家庭""书香校园""书香社会"，就该让家庭、校园、社会创造出独立的书香，参与者都能创造出自己的一本又一本书。不过，把"读书"片面理解成只读他人写的书，已经不知道有多少年了！

再后来，我把"读书＝读＋书"变成了"读书＝读×书"。这一玩，有了新发现。我教过数学，不妨跟着我，一起算一算：

如果读了1000本书，一本书都没有写，读书＝1000×0＝0，看来只读不写就是0，不管读多少书，只要不写就是0；

如果读了1000本书，只写几页、数页的文章（相当于一本书的十分之一），读书＝1000×0.1＝100，花了那么多时间、力气来读书，相当于投资千万，却只收回了100万，这样的买卖不可做、不能做，看来多读少写，是亏本的投资；

如果读了1000本书，写了一本书，读书＝1000×1＝1000，投资一千万，回收一千万，马马虎虎！看来写完一本书，停止写书，哪怕再读几千本，只要不写，仍然算不上智慧型阅读；

如果读了1000本书，写了两本书，读书＝1000×2＝2000，投资一千万，收回来二千万，赚了一千万，收益不错。接着写第三本、第四本，千万不要停止，写得越多，收成越好；

如果读了1000本书，写了10本书，读书 = 1000 × 10 = 10000；

如果读了10000本书，写了100本书，读书 = 10000 × 100 = 1000000；

这是不是幸福？算不算真幸福？是不是成功？算不算真成功？当然是了，当然算了！

继续思考，继续玩这个游戏！请别把功利主义的帽子扣在我头上，更不要把拜金主义的围巾圈在我的脖子上，因为我在玩一个游戏，一个所有读者都可以玩的游戏。因为在玩的过程中，我豁然开朗：对于一个家庭或一个家族来说，如果每人都能读万卷书，各自有作品，并且不是一件，那么这个家庭，这个家族，一定是让人羡慕的，一定是非常成功的，非常幸福的。

赶紧醒来，别再做梦了！对于我及我的家庭来说，这的确是梦！对于无数的家庭来说，同样是做梦，是不可能达到的梦想！第一代达到了，第二代还将就，第三代就不行了，这叫富不过三代。有一个成语叫凤毛麟角，数代多读多写，凤毛麟角型的成功家族有吗？当然有了。

中国有钱缪、曾国藩，其与后代们，多读多写，创造了很多奇迹。

外国这样的家族有很多，比如世界上最富有并且非常神秘的家族——罗斯柴尔德家族。这个家族据说是一个财富超过比尔·盖茨1000倍的家族，是拥有全人类最多财富的家族。这个家族有着250年的悠久历史，已历经数代，长盛不衰！这个家族非常独特，可以说代代

人人多读多写,而他们的多读多写,早已经不是狭义的多读多写了。多读不是单一地多读书,还包括多读世界。这个家族不仅多读书,还会多读我们常人读不到的世界,所以富得让我们无法想象;这个家族创作出来的书也不是传统意义上的书,他们几百年的行走,给予人类的东西,哪是百本千本书可以书写完的?这个家族的先人曾说过:蹲下、跪下是为了跳得更高!多读多写就得坐下、蹲下、跪下、趴下才能完成大业,没有这一切,怎么可能跳得高?

这么一玩,"读书=读+书"真的没有"读书=读×书"好,因为"读书=读×书"就是"真幸福与成功=读×书"!

> 让读与书相乘,世界会充满真正的魔幻。读,就是读万卷书,在万里路上读世界,望九天银河,观世界奇特;书,就是作万言神文,创造世界之独特。

2 为了60岁后的不后悔

好多年前,我在《环球日报》中读到这样两段话:

比利时的《老人》杂志在全国范围内对60岁以上的老人开展了一次题为"你最后悔什么"的专题调查活动,调查结果如下:72%的老人后悔年轻时努力不够,以致事业无成;63%的老人后悔对子女教育不够或方法不当;58%的老人后悔锻炼身体不足;只有11%的老人后悔没有赚到更多的金钱……

这些"后悔"对于老人而言已是终身遗憾,对于年轻人来说应该

是永不过时的提醒。当下之父母们，你们到底是如何对待自己的事业及教育子女？若你们60岁后接受这种调查，会如何回答呢？

读这两段话时，我刚过30岁，那时我的女儿在读小学，我告诫自己要与女儿一起努力，目的很简单——为了60岁后的不后悔。

我是非常喜爱教育研究的小学教师，在教育子女上我一直反对重来重去地做题，反对晚睡早起式学习，反对把分数看得重于一切的学习，反对没有大量阅读、写作参与的各学科学习，反对非真实、非诚实，连自己都不能认识自己、相信自己的学习……

放寒假，女儿的表妹常常来我家玩。小姑娘说她还在坚持使用"此题已做""此题已会"两枚印章。自读初中，我就告诉她，平时练习卷，特别是晚上、周末的作业，如果早就会做、已经做对的题决不做第二遍，省下时间多看书多写作，因为每门学科都有很多非教辅类、好玩的整本书，每门学科都值得用大量阅读及写作的方式来学习。

用盖章的方式告诉老师，别做那些重来重去的题。一开始，老师们都不同意，他们认为孩子会偷懒的，但我相信孩子的诚实。经过多次交涉，老师们才勉强同意。女儿常常告诉我，每一门考试学科都有三套教辅，第一本教辅有30%左右的题得盖章，第二本教辅盖完章仅剩下20%首次见到的题，第三本教辅居然题题都做过（相似型，你抄我、我抄你式的非原创型教辅，挺害学生的）。通过盖章辨认，女儿就会用很短的时间完成作业，每晚都有固定的半个小时以上的时间看课外书，每学期她写下的文字都能装订成一本很厚的书。她每天21：30准时休息，5：30准时起床，中午还能休息1小时。因为睡眠充足，她的听课效率非常高。3年初中、3年高中，她又完成了五六百本书的阅读。我清楚女儿的智商有多高，以如此之法学习，女儿才有了让自己满意的成绩。

基础教育绝不是唯题、唯分、重来重去地考完之后就把书本、作业本、试卷等全部扔掉、撕碎的教育，基础教育绝不是18岁之前累得不行、牺牲时间换成绩、孩子的力量被抽光而到了大学就放弃努力的教育，基础教育绝不是等孩子60岁之后大书特书诅咒过去、后悔当初的教育。而与基础教育并存的家庭教育，也不能只是简单地顺应学校、顺应社会，完全相信老师、相信学校的教育……父母应该懂得自己的孩子，相信自己的孩子，善用适合自己孩子的方法，与孩子用上一生去前行。

我的女儿只上了一年幼儿园，从小学到高中毕业，小学数学考过不及格，初中英语考过40多分。12年间，女儿没有上过任何补习班，也没有参加任何考级，但她小学毕业时读完了二三百本世界文学名著，家中的3套百科全书也一字一字地读完了。她读懂了什么，我从不过问，因为懂与不懂都是收获。我只是告诉女儿：我会坚持买书到老，往万卷上努力，我会从书架上取下书，除辞书外，读完之后再放回；读一本书犹如做一件事，做好一件事再做第二件事，把家中的书尽可能地看完。女儿看到了我的行动，在一年又一年的尝试中，她爱上了读书。从进入大学之门到读博士结束，不管多厚的文献，她都能坚持一字一字、以较

快速度阅毕。

女儿读初中时,我告诉她大数学家陈省身教导吴文俊的故事。陈教授用"读书是欠债,写作是还债"教导吴文俊,而吴文俊就是用多读多写创造了一项又一项数学界的奇迹。

女儿基础教育阶段的学习成绩是中等偏上,我告诉她这不是最终的成绩,人往前走就行。当看到她在大学中的努力远远超过高中时,看到她用那么多的时间做着专业实验却没有产生一丝倦意时,听到她讲我永远也不理解的实验数据时,我真的提前收获到了60岁后不后悔的幸福。

世界上最难吃的药,是后悔药;世界上最幸福的事,是子孙都很棒,综合素质高。提前不后悔,就要做提前不后悔的事。个个很棒,综合素质高,父母就要与孩子一起做真正幸福的事。

3 要想孩子伟大，父母必须先伟大

《发现母亲》的作者王东华说："天下只有不是的父母，没有不是的孩子。孩子是父母的作品，字写得不好不能怪纸笔，孩子没教育好不能怪孩子。要想孩子伟大，父母必须先伟大。父母能走多远，孩子就能走多远。"这段话意味深长。一个伟大的父母是怎样的？因为人有着自己的特性，有着他人不可能重复的环境等因素，所以让父母们千篇一律的伟大，以固定的模式要求父母做到，是违反客观规律的。但任何事物都有一般的规律，而一般的规律往往最有启发性。我努力多年，试图寻

找这个一般规律,也算给"伟大型父母"做个注解。

伟大的父母不在知识多少,而在智慧的拥有

什么是智慧?《现代汉语词典》中的解释是"辨析、判断、发明创造的能力"。《新华字典》中的解释是"从实践中得来的聪明才干,指人认识事物和运用知识、经验解决问题的能力"。综合这些解释,我们可以发现"智慧"与"知识"之间的区别与联系。为了找准这一关系,我发现传统经典故事之"孟母三迁"最有说服力。孟母的知识总量不可能超过孟子,但孟母教育孩子的智慧,却超过世世代代许许多多的父母。孟母能从生活实践中找到教化孩子的智慧,而大多数父母却有着"将就"之心理、"无所谓"之态度。任何一位读者都会有"假如孟母不三迁"的设想,也都能从这一问题出发想象到孟子的另一种结果。孟母读过多少书、识多少字,史书没有记载,但这一故事却流传千古,家喻户晓。当下,不是要求父母们效仿孟母的做法,也没有这种必要,但"用孟母的智慧教育子女"却是一个永远不过时的真理。在家庭教育中,父母应该做智慧型的,这样可以提高父母对孩子行为的辨析、判断和创造性地解决问题的能力,使父母的良好愿望在孩子身上产生积极的教育影响和教育效果,使父母在教育孩子的过程中享受到快乐,感受到孩子的无限童真。

作为智慧型父母应善于通过言传身教,把理性的教化、爱的滋润、美的熏陶有机地融为一体,倾注到孩子的成长过程之中;要指导孩子在做事过程中开智明理,让孩子体会到爱的滋润和美的熏陶;要给孩子一

个充分展现自我的空间，允许充分发挥想象力与表现力，鼓励孩子，让孩子充满自信，相信孩子之间只有个体差异，没有好坏之别；把孩子的梦想当作是令人欣赏的志向，当作经过努力可以实现的目标，鼓励孩子要大胆尝试。只要孩子去做，父母都要先用"微笑、好、非常好"启动，在孩子做好后适度表扬。日本的家庭教育有一个原则，那就是当孩子做对了五件事，那么只有三件事适用表扬，另外两件事虽然不是批评，但要提出如果用某方法可以做到更好、更特别的建议。日本人认为，只有这样的教育智慧，才能使孩子们的健康成长超越更多人。

作为智慧型父母，重要的是在孩子成长的路上指路和照明，当孩子需要时给予及时的帮助，使他们感到父母是最可信任的人，是最能理解他们的人，是心理上的朋友，父母和他们只有年龄上的差异，但在地位上是平等的，心灵上是永远相通的。对于孩子来说，父母不仅仅是保护者与抚养者，还是一个活生生的人，一个榜样，一个他们看得见、摸得着的英雄。因此，智慧型父母一定要十分注重自己的形象和以身作则。作为父母，一定要趁孩子需要时，多教养和多享受他们的童真，当然也要享受做父母的责任和快乐。很多事业上成功的父母，喜欢拿出时间陪孩子游玩，与孩子多在一起吃饭、沟通和交流，因为他们认为这是家庭生活中最重要的部分，总有一天孩子会长大离开你，这样的经历再也不会有了。所以，父母们一定要用智慧培养智慧。

伟大的父母是让孩子成人，而不是成龙成凤

传统家庭教育的观念之一是"望子成龙，望女成凤"，但实际上大

多数父母没有真正思考过"龙"与"凤"的含义。"龙"与"凤"都是虚构的动物,龙、凤长什么样子,谁能描述出来?作为父母,应该清楚这是一个虚幻的教育观念,该清醒了,该在教育子女的过程中清晰地引领孩子成长了。

既然是虚幻的东西,就不可能实现。有的家长会说,这是个比喻,所有成功者就是成龙、成凤。其实每个人的一生,都有过某种成功,但大成者必定是少数。我一直告诉孩子,一定要从现实的角度来思考自己的发展,千万不要生活在一个虚幻的世界中。

研究表明,一个真正伟大的父母应该改变传统观念,用生活中的"真人"教化子女,这是成功之举、伟大之举。这就是说,我们应该让每个孩子从"人"开始接受所有的教育。

众所周知,一个真正的"人",特别是当下之"人",一定要学习文化科学知识,要懂得尊重他人,要有奉献精神,要慎重行事,要懂得辨别真、善、美和假、恶、丑,要学会生存,并且能高效生存,要懂得合作共同解决问题,懂得如何面对困难,并且要有一定的创新能力……而达成这一切,实质就是孩子的成功。父母们肯定会说,达成这一切也不容易呀!是的,是不容易。但是通过一件又一件具体的事,绝大多数人是可以达成的。只要透过所做的一件又一件事,细细思索,我们就能看到孩子需要的、最本质的东西——真正生活在世界上,不是虚无缥缈式地瞎生活。

如果每一位家长能从人的角度真正思考上述问题,思考这样的行为及后果，我们就很容易给自己孩子确定一个相对明确的、现实的、可操作的目标，如此，孩子的成长过程也会充满更多的快乐。许多父母没有理解"人"的本质，让许多孩子没有"成龙成凤"，却变成了失败者，小小的孩子居然做出一些不可思议之事，如杀母事件、自杀事件等。如果把"成人、做人"作为孩子成长的目标，我认为，在完成这个目标的过程中，孩子实质上已经完成了人在这个美好世界中的所有目标，因为人的各类事业都在"人"中。

伟大的父母必须给孩子自由的时空

"没有自由，孩子不可能成功。"许多教育家认为"真正的教育是自由"。著名教育家巴士卡里雅在《爱和生活》中这样说："只有自由，才能学到知识。"从这些精彩的话语中，父母们应该看到自由的价值。父母要常常看一看自己的孩子，看看邻居、亲戚、朋友的孩子，看他们自由吗？他们敢说、敢想、敢做大人认为"出格"的事吗？

从孩子出生（甚至还未出生）开始，年轻的父母就为孩子描绘了美好的明天，设计好了孩子发展的道路，所以就有了每周一、三、五画画，二、四、六练琴跳舞，周末参加某某补习班等。这一切换回来什么？是成功吗？是人世间最美的成功吗？而这些所谓的成功，是属于孩子的还是父母的？

怎样给孩子真正的自由？国内外自由理论研究发现，伟大的父母给孩子的真正自由是让孩子真正游戏、玩起来，即父母不要剥夺孩子游

戏、玩的权利，应该引导孩子一生中多多创造游戏、制定游戏规则、选择游戏。这一切决定着孩子创新意识的养成，乃至长大后对社会的贡献。这里的游戏不是小孩子的"过家家"，而是创造、发明的代名词，是引导孩子形成乐趣人生的优化性词组，是孩子成长中最美的享受，也是孩子最伟大的成功。世界上著名的科学家，没有一个不是在伟大的游戏中走向世界的。陈景润如果不去玩哥德巴赫猜想这个游戏，怎么会有这么多的佳话？比尔·盖茨如果不以游戏心理对待计算机软件，怎么可能成为世界首富？吴文俊如果不把计算机数学当作新的游戏来看，怎么会有影响全世界的数学成就？这样的例子不胜枚举。因此，也请父母们从游戏的角度来思考世界伟人的成功之路，为孩子构建一套切实可行的游戏之路。

伟大的父母最终让孩子掌握、运用自我教育

每个孩子接受的教育有四种：一是家庭教育，二是学校教育，三是社会教育，四是自我教育。认真思考这四种教育的任务、目的、原则、途径等，你会发现自我教育是孩子真正走向成功的教育形式。也就是说，家庭、学校、社会三种教育最终应该让孩子能进行自我教育，只有如此，孩子才能回归社会，才能展现出自己的价值。所以，伟大的父母在家庭教育中一定要想方设法，让孩子认识自我、利用自我、形成自我、完善自我、发展自我，达到可持续性建设真正的自我。

首先要引导孩子，认识到自我教育是一种平凡之教育，是大自然赋

予人的教育。到过黄果树瀑布的人，都会感觉到这一瀑布像一首雄壮的史诗，是一曲激昂高亢的交响乐，似一股青春的激流，也一定会被一腔沸腾的血液的壮美之气势所吸引。但这么美的瀑布却来自一条平凡的河，一条十分平静的白水河。这条河宽四五十米，不太深，水中的石头隐约可见，浅水处还有大一点儿的石头裸露出水面。看到这平静的河，没有浪花，没有激流，恬静、安详、温柔，人们根本无法将它与雄奇壮观的黄果树瀑布联系在一起。而自我教育就如这平凡的白水河，它不会像学校教育那样井然有序，也不像家庭教育那样只是父母在不断地要求，也不像社会教育那样只提供丰富的大型场馆、资料。所以，自我教育就是引导孩子自己思考每天的行为，综合多方面的信息，改变自己，提高自己，以最终变成"最大、最美的瀑布"。

其次，自我教育还让孩子懂得坚持的价值。为了让孩子懂得其价值，有个老掉牙却永远充满着哲学智慧的故事，值得借鉴。有学生问大哲学家苏格拉底，怎样才能修学到他那般博大精深的学问。苏格拉底听了，并未直接作答，只是说："今天我们只学一件最简单也是最容易的事，每个人把胳膊尽量往前甩，然后再尽量往后甩。"苏格拉底示范了一遍，说："从今天起，每天做300下，大家能做到吗？"学生们都笑了，这么简单的事有什么做不到的？过了一个月，苏格拉底问学生们："哪些同学坚持了？"有九成同学骄傲地举起了手。一年过后，苏格拉底再一次问大家："请告诉我，最简单的甩手动作，还有哪几位同学坚持了？"这时，整个教室里，只有一人举起了手，这个学生就是后来成

为古希腊另一位大哲学家的柏拉图。

人人都渴望成功,人人都想得到成功的秘诀,然而成功并非唾手可得。人们常常会忘记,最简单、最容易做的事,如果不能坚持下去,成功的大门绝不会对其轻易开启。成功并没有秘诀,但坚持是它的过程。柏拉图的坚持就是自我教育的结果。

伟大的父母,应该从第一任老师变成孩子的常青藤教授

传统的家庭教育将父母定义为第一任老师。做老师,连母鸡都会,这从母鸡带小鸡觅食的行为中就可以悟得。伟大之父母,应该早早地成为常青藤教授。

老师与教授,是两个不同的词。不需要过多说明什么,父母们定能明白老师与教授的区别。教育子女是一门大学问,不是儿戏,不能随随便便。当人类的脚步迈入21世纪后,孩子对父母的要求与以前任何一个时代都不一样了。一个教授型的父母,特别是在家庭教育上有着教授型的智慧,对于孩子来说,是幸福的。家庭教育上的教授型智慧是什么样的?简单地说就是常青藤式的。

常青藤指常绿木质藤本植物,原产欧洲、亚洲和北非,花色有白色、绿色。常青藤对环境的适应性很强,喜欢比较冷凉的气候,耐寒力较强,可入药。英国在16世纪采用忽布花以前,都是用常青藤这种植物来酿啤酒的,因为把它混在麦子里,可使麦子酿成啤酒。所以,常青藤的花语是"感化"。常青藤式的教授型智慧肯定明白什么是感化,会

准备好很多素材，比如用很多故事等感化孩子。

常青藤还用来比喻长保身体健康之人。父母应该重视孩子的身体健康，要确保不让孩子的身体素质下降。孩子的近视、肥胖、自闭、多动、抽动等病症，其实与父母有着极大的关系。

人们还知道常青藤盟校这一概念，它是由美国的七所大学和一所学院组成的一个大学联合会，包括马萨诸塞州的哈佛大学、康涅狄格州的耶鲁大学、纽约州的哥伦比亚大学、新泽西州的普林斯顿大学、罗得岛州的布朗大学、纽约州的康奈尔大学、新罕布什尔州的达特茅斯学院和宾夕法尼亚州的宾夕法尼亚大学。这些都是世界首屈一指的大学，历史悠久，治学严谨，许多著名的科学家、政界要人、商贾巨子毕业于此。

常青藤盟校中的许多教授，水平当然不一般。作为父母，我们应该让孩子尽早认识世界一流，如条件许可，还应让孩子亲自看一看世界一流。一个人，早早有了世界一流的认知，其成长就不会迷迷糊糊。

在教育子女上，从家长变成老师再变成常青藤教授，并不复杂。学会感化，重视孩子身体，朝世界一流行走就可以了，就这么简单。

让孩子伟大，父母必须先伟大。从表面看这要求很高，事实上却很简单。大人所为，对得起"父母"这个词，就是伟大；把孩子带到健康的路上，让他们行走或奔跑了，就是伟大；与孩子一起，让后代继续优秀，就是伟大。

4 与女儿共同成长

我将与女儿多年来的聊天记录，汇集成一个还没有出版的集子——《与女儿共同成长》，这本书是属于我们家的。我的女儿是"90后"，我曾与很多人一样担心过女儿。现在的我，读着与女儿共同的成长记录，早已经没有了那些担心，除了督促她注意身体之外。

我最喜欢与女儿聊天，从她出生开始，抱着她、看着她的小脸，不管她懂不懂，我们就开始了"海聊"。女儿从幼儿园到大学，我在聊天中知道她的成长，在聊天中懂得她的变化。在这些聊天中，我喜欢倾听,我喜欢与女儿激辩……我们是父女,我们是朋友。而在这若干喜欢之中,我又特别喜欢听女儿讲她在学校的故事。很多次,她放学回家,立即放下书包跑到我的跟前,急急忙忙地讲着她的一天;很多次,我正在烧饭,她跑到厨房,聊得我把饭菜烧得非常难吃。

我知道好多家庭缺少这种交流。我们与女儿有个永恒的约定(从女儿读幼儿园,这个约定就形成了):"不管什么时候回到家,一定要先讲讲自己的故事,讲学校中的故事(长大工作了,也要讲讲工作中的故事),然后再做作业、吃饭、玩耍……任何事都能讲,特别是遇到困难,一定要讲,因为这个世界只有父母永远会真心帮助你,如果父母一时解决不了,也会想尽一切办法。你可能会有压力,有什么压力,为什么有压力,一定要跟父母说,因为父母是一把减轻你压力的金钥匙。请相信父母对你的真诚。"

写作

这是我写于 2005 年 9 月 2 日的日记:

女儿上高中了,妻子担心我的应酬、外出会影响孩子。没想到,女儿高一开学的第二天,我就遇到应酬,还好,不到七点就结束了。回到家,女儿已吃完快餐,我想再做一点好吃的,她不愿意。我喝了两瓶啤酒,没有醉意,每天几分钟的聊天开始了。

"今天感觉如何?"

"今天英语老师不知怎么的,要求学生介绍自己。等老师走到我的

面前，突然改了要求，让我用英语介绍自己的一次经历。我想了想，就说了自己三岁时与妈妈、姨妈一起去浴室的事，当时妈妈告诉我，不能直接跳进去，结果我还是跳了进去，非常危险。老师说我讲了一次非常危险的经历。老师没有说我讲得好，也没有说讲得不好。"

我从女儿的表述中，看出了她在英语课堂上说话可能有些难度。学过三年英语，按理说她应该能用英语顺利地介绍自己。我的英语虽然早已经忘光了，但从语言的角度，我觉得应该给女儿讲述一点东西。

"我想你应该用英语写写文章了。"

"在这方面我写得很少，也不想写。"

"不写肯定不行，因为从未来的发展来看，肯定需要用英语来写写东西。你多听听英文歌，多看《21世纪英文报》，学着用英语写小日记。我觉得你不会拒绝的。"

"我没有这么写过。"

"那就从现在开始吧。"我喝了口水接着说，"天天用英语写一点，不会的词查查英汉词典，'见面'多了，自己就清楚了。语言这门学科，要想学得好，这个方法肯定是需要的。"

"是的，我应该写了。"

"今天我还看到了西方的一句哲言：'纸比人更有耐性。'我觉得这句哲言非常好。纸要求我们写下来，人如果不写，光想不写，光说不写，记忆很难长久，不能长久就意味着没有耐性。所以，你也应该把这句哲言记住。"

4　与女儿共同成长

女儿重复了几遍"纸比人更有耐性"。看得出,女儿正在用心思考这句话,也真心希望女儿能够写起来。

我是小学语文教师,在英文写作上,我一点儿都不会,但有了这次交流后,女儿开始用英文进行小写作了。后来,读大学的女儿告诉我,她的导师要求博士论文必须用英文写成,她很感谢高中时我与她的这次谈话。自2016年起,女儿的博士论文陆续在国内外的杂志上发表。当看到那些我永远读不懂的英文论文后,我又告诉女儿法国人把文字当作国宝来认识,他们以法语写作为荣,几百年来没有变,我们也不能忘记用中文来撰写论文。

 自杀

我从2004年开始喜欢买经典儿童文学来读,家中现在已经四五千本。这些经典童书,女儿小时候都没看过,因为那时候这些经典童书翻译出版的非常少,女儿看过的儿童文学作品也就是张天翼、叶圣陶、冰心、曹文轩及黄蓓佳的书。原来家中的《乱世佳人》《老人与海》《高老头》《战争与和平》类的百余本文学名著,她小学时倒是都翻看了一遍。对于我这位成人来说,把大量精力放在儿童文学阅读上,女儿曾坚持认为这是小儿科,她常常提醒我多看诺贝尔文学奖获得者的作品。为此,我们争辩过,因为我没读过高中、大学,自然说不过她。后来,女儿竟输给我了。哈哈,赢的感觉真好!

高三,是痛苦的!那么多的试卷不做不行!女儿回到家把书包往床

上一扔,喊道:"我要自杀了,不想活了!"

"你准备怎么自杀?说说看。"

"跳楼!"

"没水平,早就有人用过。"

"卧轨!"

"没创新,全球卧轨自杀者已经有很多了。"

"喝农药!"

"更没有任何文化含量,自从农药发明以来,因为喝农药而自杀者年年都有,毫无创意。"

"撞墙!"

"方法太简单,肯定非常疼,一点智慧都没有,更无高科技含量!"

"那怎么办?"

"你没有生的选择权,但任何人都有自己选择死亡的权利。我觉得想自杀也得想个好办法,要有创新,死的方法要让世界震惊!"

"哈哈,就你能想得出。你想个点子给我看看。"

"老爸还没想自杀,好日子还在后头呢,我还没有享受到你孝顺我的数不清的礼物。这美好的世界还没有享受够,我可不愿意这么早做出这种选择。不过,有一本书——《找死的兔子》,能帮助你找到好点子。"

我赶紧跑到书房，把《找死的兔子》拿到了女儿的房间。

一家人，共同翻着这本无字书，一页一页地翻，一页一页地说，一页一页地笑。这只兔子太有智慧了，为了死，它想尽了办法，一个比一个独特，一个比一个有创造力。

"怎么样？自杀可以，方法必须要超越这只兔子，不能连只兔子都不如吧！"

"老爸，这真是一本好书，一本奇书，一本让人永远放弃自杀的书！我能不能带到班级里给同学看看？因为同学们压力太大了，虽然我们不是真心想要自杀，但看看这本书，他们会高兴的。"

"当然可以了！但你必须改变过去的想法，别说我读儿童文学是幼稚的。"

"逗你玩！你要记住，那些书都是我的，你现在好好看儿童文学，还要多买，将来要用这些书教我的下一代，还要把他们教好。"

她妈妈扬起手，拍了她一下，说："死丫头！"

女儿把这本书带到了班级，全班同学传着看，笑声不断。班主任老师看到后，有点生气，回到办公室一翻，又高兴坏了。于是，他赶紧拿回班级，让所有学生必须读。女儿回到家，神秘地告诉我："老爸，你真的好厉害！班主任与我们班同学笑了一整天呢！"为此，我还写了一篇文章《让高三学生笑了一整天的书》，写完后立即投给《中华读书报》，一周后就见报了，很多网站转载，如今这本书的广告也附上了我写的那篇文章。女儿大学一年级时，班级要搞一个英文活动，她以

"自杀"为主题,用英文讲述了《找死的兔子》,同学们都被调动起来了。女儿打电话告诉我:"我们班的学生绝不会有人自杀!因为没有一个人的智慧超过这只兔子!别看高考分数都很高,与这只兔子比,我们都是超级笨的。"

 推荐

我初中上完就读了中师,中师毕业立即参加工作,即使后来有了大专、本科学历,也只是自学、函授所得,与真正的上大学永远是无法等同的。

上大学,一直是我的梦,对于我来说,是永远不可能实现的梦。这也成了一种情结。

我羡慕女儿,也非常羡慕她的大学生活。

每周,我都会主动给她打电话,听她讲在大学的故事,听她讲在国家实验室中所做的实验,听她谈自己的发现。有一次,女儿在电话中很严肃地说:"老爸,你得看点经济学的书了,这个年纪了,不能一点经济学的东西也不知道。"

"你是不是最近看了?"

"当然了!是《货币战争》,这套书值得你看一看。"

"你拿走的那三四十本大前研一写的书,看完了吗?你不能说我没看经济学方面的书。大前研一的书,有好多篇论述经济的。"

"大前研一的书,的确很好,我看完了,学到了很多东西。待会我

把读书随想发给你看看。我推荐你看《货币战争》,你一定要看!"

"好的,我马上去买。"

我挂断电话,上网把三本《货币战争》全部买了(注:后来又出来一本,我买齐了,也读了。)。妻子说:"女儿的话,你总是要听的。"

我用一个星期的时间把宋鸿兵的这三本书看完了,这是一套可以一口气读下来的书,也不需要多少思考就能读懂的书(作者都给读者思考好了)。这套书揭露了世界变化的又一种特殊规律——金融界的自私发展史。这套书告诉我们,什么是黑暗可怕的世界金融业!这套书对女儿会有什么不好的影响吗?我上网与女儿聊了起来——

女儿:《货币战争》看完了?

我:用一个星期看完的。我看书又慢,看得眼疼。

女儿:书中的那些有钱人是不是非常狠毒?

我:如果是真的,用"狠毒"一词来形容他们太轻了。与地狱有关的一切词语全用在这些银行家的身上,都不为过!

女儿:其实,这套书能帮助我们如何认识自己、他人、世界。

我:细说说。

女儿:我喜欢洛克菲勒的话,他说:"将世界上最优秀的大脑整合起来解决未来的问题。"

我:我也喜欢这句话。我为此还写了一篇文章呢!《江苏教育报》搞一个话题讨论,说高中要实行绩效工资,想请大家给高中校长出谋划策。我就以此为题写了一篇文章。

女儿：真棒！读这套书让我明白，能把最优秀的大脑集中起来的人——估计这样的人不多。银行家肯定行，他们有钱，好集中；一些政治家能行，因为他们有权；一些大师能行，因为他们有学问，他们懂得奉献智慧。

我：你能从中读到这些大智，好！我觉得宋鸿兵好棒哟，真是一位了不起的研究者。

女儿：你心里是不是想着让我也成为这样的研究者？

我：小狡猾！你现在每天做实验，不就是研究吗？你可以从这套书中学会怎么去研究，比如如何占有资料，如何理解资讯，如何让有关资料为我所用，如何产生别人没有的观点。宋鸿兵这一点做得非常好！

女儿：又在教育女儿了！本来是推荐一套让你好好看看的书，你看完之后可倒好，经济学上没有什么长进，反而在教育我的水平上提高了。

我：哈哈！一本书总会有多种价值的。我说的肯定适合你。

女儿：老爸，那第三本中关于人民币的探讨，你有何感想？

我：下次再与你聊！好好用你手中的人民币把身体吃好……

女儿给我推荐过书，也给我推荐过电影，特别是那些世界上有影响的歌剧大片，让我震撼不已。女儿读大学，我只能提供钱让她买自己需要的书，却没有能力给女儿推荐专业用书——在专业方面我帮不上任何忙，这是一种内疚，是永远无法改变的内疚。有读者肯定会说，这有什么值得内疚的？因为傅雷的做法。我最喜欢的书是《傅雷家书》，我以

"世界父亲学巨著"为题撰文评说过这部书,还写下了20多篇阅读心得,澳大利亚的高中中文教材还选入8篇呢!傅雷是了不起的父亲,他不让傅聪到学校读书,而专门给儿子编写教材,专门请大师到家里教傅聪。傅聪什么阶段练习谁的曲子,他都有明确的计划,并提前把一系列材料翻译好。我以傅雷的这个案例与女儿聊天,女儿常常笑我,说自己看来不会有什么大成就了,因为老爸水平有待提高,等真正提高了,她也成为老太婆了。

 退烧药

一家报纸发表了一篇关于发烧退烧的科普文章,叫《退烧药是怎么发现的》。女儿正好从大学回家,我看完后马上叫来她,让她读读。

女儿跑过来,看完后说:"这篇不怎么样,也就是忽悠像老爸你这种水平的人。"

"你不可以这么说,我觉得这篇文章资料翔实,很有启发性,文中的故事我都不知道。你小时候经常发烧,也常吃退烧药,一对照我发现了好多问题。"

"是不是差点把我吃成了傻子?"

"要是早看到这些材料,我肯定会以科学的方式对待你。"

"得!得!得!好在我没有成傻子!"

"在这方面,我是外行,所以我感觉这篇文章很好。"

"这个资料不算翔实,很多新东西他没有写进去,因为退烧药的研

究从未停止过，还有很多新发现他没有写，估计在这方面他也不清楚。"

"你这个小丫头，发现了什么新东西吗？"

"我没有发现，但我上个学期专门研究了退烧药。我把我做的PPT拿给你看，让你看看你宝贝女儿说得对不对！"

读着报纸上的文章，看着女儿做的PPT，听着女儿非常流利的解释，我认同女儿查找到的资料以及她独特的想法。

"女儿，我在网上查找到了很多科普书，我先买来看看，如果我觉得不错，再推荐给你，你要看看哟！"

"虽然有些是科普类的，但我觉得你看不懂，那太专业了！"

"懂与不懂都是收获！"我用小学时引领女儿看书的思维笑着说。

20年多了，我与女儿的感情，就体现在这无数次的聊天中，体现在一篇篇文章及一本本书里。女儿说最幸福！因为从小学至高中毕业，父母没关注过她的分数，即使考不及格、考全校倒数第一，我们也没有任何埋怨；我们从不让她参加任何补习班，到任何一位老师那儿补课，从不让她参加不喜欢的任何活动，只关注她对读书、写作的喜爱。

这是真的！我女儿的智商肯定处在中间地带，绝不属于天才之列。但女儿在大学的认真劲，对专业的喜爱，对继续深造的渴望，让我们全家都收获到了幸福，妻子常说我们给她自由、不限制她是对的。

女儿小学时，数学考过30多分，数学老师要求给她补课，我坚决反对。放学按时回家，不补！星期天在家玩、看看书，不补！数学奥赛，不上！因为我相信她的数学没有问题，都是因为小马虎导致的，没有什么可怕的。小学阶段，女儿的数学成绩中等，但初中数学成绩让她非常满意，高考数学她考了让自己开心得跳起来的分数，大学时她对数学的喜爱也没有减少。她说："微积分真好！高等数学真妙！生物科学真的需要数学！"女儿曾经告诉我，她对理科的喜欢源自小学阶段的大量阅读。

女儿初一第二学期时，我们全家搬到了昆山。第一次月考，女儿英语考了47分，全校倒数第一。女孩子要面子，她哭了，这是她第一次为成绩而哭。但我表扬了她，我说："考这个分数很好，没有必要哭呀！人家从小学一年级甚至幼儿园就学英语了，你才读了一个学期的英语，考了47分，真的很多，一点不少！不信，下次月考，你肯定会考50分以上的。"女儿笑了！她学英语没有我们想象的刻苦，她大学一年级第二学期考英语四级顺利通过，大学二年级第一学期考英语六级又顺利通过。如今，她用英文写作也没有多少难度。

从女儿出生到现在，她成长最快，她跑在了我的前面！我慢了下来，但没有停下来，因为女儿不签字、不同意我停下来。

与孩子一起成长，不是只长年龄，不是让自己一个人长。作为父母，在孩子面前不停止，拉着孩子的手，或者让孩子拉着大人的手，幸福地往前走，这是世界上最美的事情。

与孩子共读共书

5
每个孩子都是来打拼世界的

很是奇怪，世界各地，不管什么肤色、什么民族，所有的孩子都是握着小拳头来到这个世界的。亲爱的宝贝女儿、女婿，你们出生时也是这样的，你们的孩子也是这样的。

有人说："人握着拳头来到这个世界，意思就是每个人都是上帝派他们来打拼世界的。"

不得不承认，有人会打拼，有人不会；有人打拼得超级棒，有人做得实在没有办法让人满意；有人打拼中做了很多真、善、美的事，也有人做了一些假、恶、丑的事……

什么是打拼世界？一个人怎样做，才算是打拼世界？

我觉得，一个人要想真正地打拼好，一是离不开父母给他们读故事，讲故事，读讲很多故事（父母故事太少，注定是一件麻烦事，父母一定要准备很多很多别人的故事，当然也要把自己创造的故事给予自己的孩子）；二是帮助他们、引领他们，让他们最终能自主地去创造一个又一个故事。

孩子们来到这个世界，一是来听许许多多的故事，二是来创造正能量的故事。一个人把这两件事做好了，打拼世界的任务才算完成。

写着写着，我想到了"人"这个字。汉字之"人"，解释奇妙："天地之性最贵者也"，即天与地之间最为高贵的。什么是最高贵的人？一是听很多故事，看很多故事，会让一个人拥有一半的高贵；二是一生中能创造很多精彩，给予世界一些独特的东西，会让一个人拥有另一半的高贵。

一对新夫妻，一个新家庭，一份新责任，一份新打拼，一世大创造。

让自己的家庭更真、更善、更美，永远是最棒的家庭，永远充满着最会打拼世界力量的家庭，读不能少，书不能少，一生读书不能少。

虽然人都是握着小拳头来到这个世界的，但每个人都是独一无二的，也都有自己的特点。有的人，真的超级聪明，智商非常非常高；有的人，真的很一般；有的人，的确不聪明；有的人情商高，智商一般；

有的人智商高,情商却一塌糊涂……不管是何种特点的人,其实都可以"变",都能"变"。

有个故事家喻户晓,是关于清朝名臣曾国藩的。曾国藩在13岁那年的某天晚上,迈进书房,点燃油灯,背起一篇300字的小文。在进书房前,屋里有一贼,听到有人来,便躲到房梁上,想等曾国藩入睡之后再偷点东西走。谁知,曾国藩背到三更还没背下来。贼终于受不了了,飞身下梁,然后将书夺过摔在地下,将此文一字不落地背了一遍,然后冲着曾国藩大叫:"你这么笨,还读什么书!"然后扬长而去。曾国藩资质就是平庸,从小就被人讥笑为"愚蠢之辈"。左宗棠就说他"才具稍欠开展",梁启超说他"并时诸贤杰中称最钝拙",曾国藩本人也承认自己"余性鲁钝"。曾国藩16岁开始参加科举考试,考了7次才中秀才,并且是倒数第二名。但第二年,他就中了举人;中了举人又四年,他就高中进士。他靠什么变的?他靠的是最笨拙、最踏实的方式:一是早起,"黎明即起,绝不恋床",起床之后就点灯读书;二是耐烦,"一句不通,不看下句;今日不通,明日再读;今年不精,明年再读",读书似愚公,不求快不贪多,不弄明白不罢休;三是有恒,"行之有恒,实为人生第一大事",他每日早起读书,从不间断,就连行军打仗也毫不例外,"每日必读书数页,填日记数条,习字一篇"……他说:"不日进,就日退。"

我们中的绝大多数不是超高智商型的,也不是超低智商型的。很多人可能比曾国藩的童年聪明,但如曾国藩有这种成就者,少!像他的后代有那么大成就的,更少!从曾国藩的儿子曾纪泽那一辈算起,据不完全统计,180年间里,曾家在文化艺术、军政、实业、医学、农业、数学、化学等领域里出现了240多位名家。自己变,让后代也跟着变,为什么?因为他与后代共同使用这一方法——"读与书"。

读书,大量读,大量书,一生坚持读与书,那么这个人在整个人生的打拼中,才能真赢!

6

你们与孩子该读多少本书？
—— "1525 + N" 是一生的读书任务

女儿小时候非常爱看书，我永远忘不了她三年级时看完《乱世佳人》的喜悦。这本书，我是读师范时看的，没有看懂，因为我的童年没有什么课外书，我对这本书的背景一点不熟悉，所以没读懂。女儿一字一字地看完，我当时想，一个小学三年级的孩子，能懂什么呢？我不敢问她，怕她回答不上来，让她接下来的阅读兴趣没了。没有想到，中央电视台国际频道居然要播放《乱世佳人》的电视剧，虽然每天晚上十点才播，她偏偏要跟着看，一边看一边讲这一集是在书中哪里，还把书翻给我看。这件事，让我瞬间明白，不能小看她；这件事，让我彻底醒悟，童年阅读应该读高端的书。这就是女儿的早期名著阅读给予我的启示。

就这样她读了起来，我也读了起来，我们家的书也越来越多。这让我们共同感受到了书给予我们的幸福。

我是从2004年春天才开始大面积地接触童书的，从2008年开始我给学生父母讲童书，每一年都有万名学生父母接受我的培训。每一场，他们都听得非常认真，这让我幸福无比。每一次开讲，都让我觉得这是我一生教育教学生涯中最有意义的事。于是，我开始了"你们与孩子该读多少书"的研究与实践，并越来越觉得，这些量是对的，只要每天拿出二三十分钟，孩子的阅读量注定是惊人的。既然我给那么多的父母讲了，就建议更多的读者带着孩子读起来。我希望亲爱的女儿、女婿，更要这样做。

我认为"1525＋N"阅读，是一个人从出生至终身的阅读。那么，"1525＋N"是什么意思呢？

首先，"1＋N"本有两层意思：一是0~8岁读完10000本图画书；二是专指一、二年级，小朋友最好读完1000本图画书（也叫绘本）＋N本桥梁书。上小学前，如果能从孩子6个月开始读图画书给孩子听，一天读三四本，6年读完10000册图画书是没有问题的。一本绘本，10分钟左右就可以读完，一天读三四本，睡前读一读，小孩子不会拒绝的。如果6岁之前，孩子们的父母没有给孩子读，那么一、二年级，建议老师与家长一起给孩子读，在学校里老师每天读一本，回家父母最少

读一本，两年完全可以读完1000本图画书。10000本、1000本图画书就是10000、1000个故事，孩子听完会有哪些变化？实践之后，家长们就会发现。几个孩子、几个班的孩子、几所学校的孩子，读与不读，对比之后，肯定会发现其不同。当孩子们有了这样的阅读基础后，不妨让孩子读N本桥梁书。

其次，第一个"5+N"本，指三、四年级学生最好能读完500本桥梁书。桥梁书是介于图画书与较厚的纯文字书之间的书。桥梁书是童书中了不起的发明创造！一本桥梁书，10~20分钟就可以读完，一天读一本，两年时间，肯定能读完500本以上。从2008年开始，我国开始从国外引进桥梁书，目前，我国翻译出版及创作的桥梁书达3000余册，可以说本本都值得阅读。假如三、四年级学生读完了几百本桥梁书觉得不过瘾，可以选择N本100~200页的纯文字（含插图）的书来读。

再次，"2+N"本，是指五、六年级学生最好能读完200本较厚的（100~200页）纯文字（含插图）的童书。这类童书有很多，瑞伯瑞儿童文学奖作品（此类作品早已经超过200本），本本都值得五、六年级学生阅读；安徒生儿童文学奖作品，更多！这两个大奖的作品都是世界公认的，五、六年级学生可以放心去读。另外，每个国家都有自己的童书奖项，而这些作品绝大多数是儿童喜欢的。只要孩子从0岁开始没有停止过书的阅读，阅读速度一定会很快，五、六年级读完200本书是没有问题的。对读有余力的孩子，也可以加N本更厚的书或较难懂一点儿的书。

最后，第二个"5＋N"本，是指从初一开始至人生结束，要养成每年读50本书的习惯，也就是一周读一本书。读什么书？从钱钟书、南怀瑾等大师及成功人士的阅读来看，几乎什么书都可以看，当然不能只看某一类，一定要综合。N本书，指的是属于自己专业发展的特别之书。

另外，我一直说："读书＝读＋书，幸福与成功＝读×书。一个人只读不书，不算读书。一个人边读边书，边书边读，才算真正的读书。"而"1525＋N"是一个人一生的阅读与写作设计，"1525"是一生的读书量，"N"是你一生要努力写的书。

也许你们会说，有必要读这么多书吗？其实这不是必要与不必要的问题，我只是说，真正坚持一生读书，与只是读了一点书，或根本不相信读书甚至还说读书无用，肯定有非常明显的区别。这不需要实验，人类几千年的历史早就证明这是真理。

也许你们会说："有必要写那么多书吗？我哪有那么多的东西可以写？写作是非常专业的事，我怎么可能呢？写N本书，就哪怕是一本，我也做不到。"假如人人都这么想，世界上永远不会有书。我不写，你不写，他不写，谁来写？会读就会写，会写就会读，多读与多写，不是某类人的专利，是属于每个人的基本素养。

小学毕业，有千本书垫底，初中、高中成绩不会差。文科成绩优秀，理科成绩同样会优秀。原因很简单，千本书的阅读，会让人的理解力、思考力、创造力等整体变强。

与孩子共读共书

7

家庭作业做什么？

我收藏过一篇学生日记（2012年2月19日），内容是这样的：

 忙

我从来都没有这么忙过。今天虽然不上补习班，但家庭作业实在太多。

我要把语文的第一课做完（注：我没有布置哟！），把英语的第四课时做完，把语文《亮点激活大试卷》的一份试卷做完（注：谁让你

7　家庭作业做什么？

买的这个大试卷呢？孩子回复，一直买着，去年买得更多呢！），还做了数学《亮点激活大试卷》的一份试卷，再加一篇不是作业的日记（注：这是我布置的）。

可是，我说这么多有什么用呢？你们来说说，商量一下，看看有什么办法吗？

孩子做家庭作业，那是必须的，世界各国的孩子都要做。什么样的家庭作业是最好的，是儿童喜欢的？其实，这早已经有了研究成果。有一本书叫《家庭作业的迷思》，我知道绝大多数的家长不会读这本书，你们也没有必要一一去读这本书。我把这本书的研究成果告诉大家就行。这本书的作者是美国的艾尔菲·科恩，他是作家、演讲家，是美国"进步教育运动"的领军人物，他的批判多集中于教育、教养和人类行为等领域。在本书之前他已经出版了10余本著作，包括《用奖赏来处罚》《我们的孩子应得的学校》以及《无条件的教养》等。他在《家庭作业的迷思》中说自己研究了世界许多国家的家庭作业，包括我们中国，结果发现效率为"0"。经过大量的调查统计，他告诉我们什么是真正有利于孩子成长的家庭作业。

一、每天的家庭作业

1. 每晚读书1小时

科恩说这应该是世界排名第一的家庭作业。别说每晚读书1小时，就是半小时，哪怕是20分钟，无数的学校老师都不会布置这份作业。美国马尔科姆·格拉德威尔在《异类——不一样的成功启示录》一书中说："一个人要想成功，必须坚持10000个小时做某件事。"一天读一个小时的书，如果从0岁开始阅读，每天阅读1个小时，10000个小时的阅读，就相当于连续读27年书。坚持27年，真做这件事，孩子肯定能成功。这项作业真比当下许许多多的作业都好，学生喜欢这一作业吗？喜欢，真的非常喜欢！

2. 与父母交流学业

孩子放学回家，父母要与孩子交流一下当天的学习情况，让孩子说说还有什么问题，看看父母能否帮助解决。当下孩子的许多问题其实与父母跟孩子的交流太少有关，很多父母没有感觉到这是家庭作业的一种，也没有老师意识到这是一种家庭作业。就这样，没有人要求孩子们做这份作业。但是，这种交流能给孩子带来什么？让孩子有信心！交流过后，大凡孩子会的，就不要浪费时间让孩子重复来重复去地做了；孩子不会的，就想尽办法解决，也就是只在不会的问题上花费时间。这就是低耗高效的学习策略。

3. 每天写一点感受

我研究中小学生写作很多年了，从很多书中读到，美国98%的学生喜欢写作，而我国95%以上的学生则讨厌写作。之所以讨厌写作，与自己没有把当天值得记录的东西写下来有关。一天结束，只要想一想，就能找到这一天的哪件事值得用文字记录下来。每天留出记录自己经历的时间，20分钟就能记下很多，坚持10000天，一个人会留下多少精彩，算一算就知道。每天拿出20分钟写下200字（习惯之后，20分钟写四五百字都不成问题，用电脑写作，能写得更多。如果使用软件，对着电脑说话，电脑自动转化成汉字，20分钟能说千字以上），10000天就是200万字。人们熟知的"长篇小说"是什么概念呢？5万字以上的小说就可以称为长篇小说。200万字相当于40本长篇小说！

二、周末的家庭作业

现在有一种作业理论叫日日清、周周清、月月清。看上去是非常正确的教育理念,其实早就演变成了天天、周周做题,周考、月考肆虐,孩子没了可以独立思考、研究的时空。有人曾这样解释"素质教育":一个玻璃杯子,是靠玻璃盛水,还是靠玻璃创造的空间盛水?玻璃不可能盛水,用玻璃创造的空间才能盛水。玻璃式教育,就相当于我们上课讲知识,反复做题、背记知识,并渴望知识能让人能力大增。玻璃创造空间式教育,就是通过老师最基本的知识讲解后,给学生很多时间、空间,让学生通过自主实践、研究、探索,获取知识与能力。一周七天,五天在校,学习五天,周末两天最适合孩子做研究、搞小探险,去图书馆、去博物馆、去工厂、做手工等。这项作业,目前我国那么多的中小学没有哪所学校会布置。九年义务教育阶段,400多个周末,学生们如果能做三四百个小研究等,真正的素质教育才会发生。

三、假期的家庭作业

很多年前,看到美国一个研究项目——假期里人的思维。他们经过多年研究发现,假期会让人头脑变笨。为什么?因为假期在家里,可以自由睡,睡眠规律没有了,吃饭随意,看看电视,玩玩手机,不需要像在学校里那样按照固定的方式学习那么多的学科,也不需要动脑思考一个又一个问题。

7　家庭作业做什么？

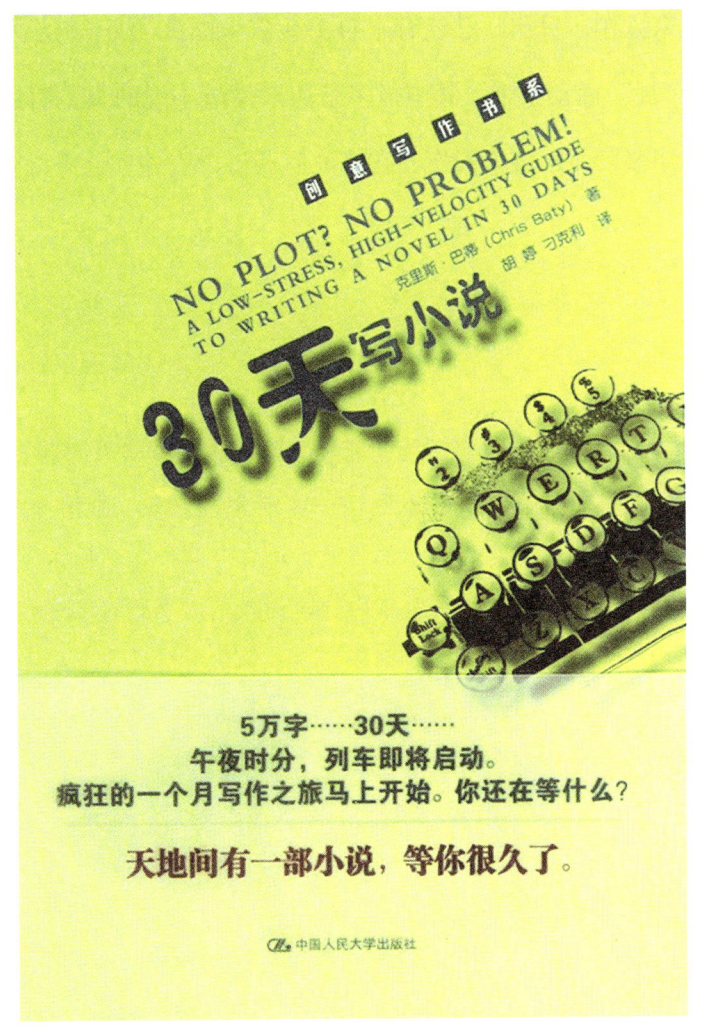

　　假期里什么样的家庭作业才让人不笨呢？不是上各种类型的补习学校，是走出去搞项目研究，做读书报告、研究报告，做一些策划，与大人比读书，写一本书……有一本书叫《30天写小说》，作者叫克里斯·巴蒂，是"全国小说写作月"活动的创办者，这本书能让你感受到什么是文学马拉松。一天只要写1667个字，30天就可以完成一本小说。有人说没有时间，其实假期里，尤其是暑假，两个月，肯定可以拿

出一个月来写作。目前,已经有来自100多个国家的近30万人参与到"小说写作月"活动中来,其中很多是从未写过小说的人,当然也有经验丰富的作家,而很多人的作品在修改后获得出版并登上排行榜。小学生年龄小,其实每天写一页,写完之后画一幅画,坚持30天,一本桥梁书就可以完成。

家长有权利让自己的孩子从沉重的课业负担中跳出来。有本教育名著叫《学习,别听学校的》,德国教育家菲拉·费·毕尔肯比尔的作品,这本书非常棒。现在的很多家庭作业真的不需要听老师的,让孩子做最好的作业是家长的责任。上文所说的一些作业当下很多一线老师不知道,很多老师也让自己的孩子做重复来重复去的作业。那么家庭作业究竟做什么?无论是家长还是教师,一定不要忘记为孩子的终身素养而做。

8 爱上书，才能与众不同

有一本图画书叫《凯文不会飞》，这是一本神奇的书，故事的大概内容是：

凯文发现了什么?
哦,凯文发现了一本书。

凯文是一只燕八哥。燕八哥是什么样的鸟?通过上网查阅发现,燕八哥还有一个名字叫流氓鸟;世界上第一位把这种鸟写进作品的是莎士比亚。为什么说这种鸟叫流氓鸟呢?世界上还有其他流氓鸟吗?有,而且有170多种呢!它们流氓的表现有哪些?一是把蛋下在别类鸟的巢里,即自己不孵小鸟,让其他类鸟代孵,真是非常懒惰的鸟;二是当别类鸟发现巢中某些蛋不是自己下的,便将蛋叼起扔下去,不远处的燕八哥看到后会立即飞过来,把鸟巢捣毁,更会凶狠地把剩下的蛋摔碎。真是一群可恶的鸟儿!

很多燕八哥就这样一代又一代被许多稀里糊涂的鸟孵出。它们飞出巢,有的发现了虫子,有的发现了泥土,有的发现了小草,有的发现了水,唯有凯文发现了书。当凯文的兄弟姐妹们都在捉甲虫、逮蚯蚓、找蚂蚁的时候,凯文却在认生字、学组词、念句子。夜里,凯文的兄弟姐妹们梦见的都是捉小虫、刨垃圾堆之类的事儿,而凯文梦见的却是他在书里读到的冒险故事、远古传奇和优美诗句,他甚至梦到自己有一天也成了伟大的作家。

当六月的第一天到来时,所有的小燕八哥都整整齐齐排成一队,等待老师给他们上飞行课的时候,凯文却跑进图书馆看书了。当别的小燕八哥都在学习"俯冲""盘旋""绕8字飞"的时候,凯文却在埋头读书。在书堆里,凯文的思想飞得很高、很远。

凯文看了很多书,凯文的兄弟姐妹们都叫他"书呆子""宅鸟""书虫"。凯文感到很难过,但还是去图书馆继续读书。整个夏天,凯文都泡在图书馆里。

直到有一天,秋天的第一片黄叶落到了地上。风吹进老马厩,带来一丝凉意,夏天筑的巢被冷冷地吹落到马厩的地板上。燕八哥们该去南方过冬了。可是,凯文却不会飞。

燕八哥们没有丢掉凯文。它们用从垃圾堆里捡回来的布头和绳子把凯文捆了起来。他们用嘴叼住绳子的一头,拽着凯文飞起来了!燕八哥们拼命地飞,凯文给他们讲在书中看到的东西,但

燕八哥们都听不懂,他们也听不进去,只顾往南方飞。

有一天,风忽然刮得特别猛。大树被刮得东倒西歪,树叶也四下飞舞,鸟群的行进变得越来越困难。凯文想起了他最喜欢的那本气象学的书,赶紧提醒他的兄弟姐妹:"是飓风,飓风来了!"燕八哥们不懂什么是飓风,凯文给它们解释,它们也听不懂,但它们相信了,立即进了

山洞躲了起来。

燕八哥们得救了,它们高兴地跳啊、叫啊。更令人意想不到的是,凯文居然会飞了。其他的燕八歌还把它推到了头鸟的位置,带着大家继续往前飞。

这是美国童书作家珍尼弗·伯恩创作的一部经典作品。这个故事是虚构的吗?不,完全可以说这是真实的事。读书肯定能让人改变,肯定能让人与众不同。每个人都是与众不同的,但很多人走着走着就失去了自我,为什么?不读书!读书少!不能持续读书!不知道读书能够解决很多很多问题。

莎士比亚在《哈姆雷特》中写下这样一段话:"我是多么美妙的杰作,我有崇高的意识,我有无限的能力,我有优美的仪表,我的举止好像天使,我的灵性可媲神仙,我是天之骄子,我是万物之灵。"这是世界上对"我"字最棒的诠释。一个人怎么对得起这"美妙的杰作"?一个人崇高的意识如何成为崇高?一个人的无限能力到底如何体现?一个人真正优美的仪表与读书有关系吗?一个真正有天使般举止的人,能不爱读书吗?一个人的灵性如果是天生的,那是怎样的?一个人的灵性需

8 爱上书，才能与众不同

要什么来养育？真正的天之骄子，能不爱书吗？万物之灵的表现就是使用文字去创造更多的世界，不读不写，能是万物之灵？就这一段话，让我产生很多疑问。父母生下原创的我们，走着走着，许多人却成为别人的附庸，这注定不是一件多么光彩的事。怎么改变？凯文告诉大家了。当然，行走在读书这条路上，不是想象中的那么美好顺畅，因为真正读书的人在阅读的过程中，都会受到更多不读书之人的讽刺挖苦，这是正常的。这些人也会改变的，这代不变，下代可能变，下代没变，下下代有可能变。应该告诉孩子，不要因为他人的风凉话而放弃读书，假如放弃了，就叫前功尽弃，也可以说一事无成。远离风凉话的唯一办法，就是走进图书馆、书房，拿起书接着读下去。要让孩子记住，只有成功了，那些说风凉话的人，定会如那群不读书的燕八哥一样，为你舞起来，蹈起来。

读书让人与众不同，这没有错！二三十年的教学生涯中，我教过的学生也有二三千了，虽然没有教出圣贤，却熟知学生们的差异根源——与父母爱不爱书极其相关。

流氓鸟因读书而变，人当然也会因为读书而与众不同。

鸟，本来就会飞，如果在练飞的过程中读些书，肯定是有文化的飞；人都会跑，在练跑得更快的过程中，如果不看书，怎么可能拿到冠军？世界上，早就有买有卖，在买卖中，"东西"最关键，什么样的发明创造能卖个好价钱？读书人的发明创造！这样的道理，众人皆知。

9 哪些数据能说服人必须要多读?

童年时,我生活在苏北农村,那是个很穷困的地方,从小学到初中,我没读过几本书,也不知道县城的学生读多少书,更不知道省城及整个中国人均每年读多少书。我没有读过高中,初三结束,考上了江苏省运河师范学校,学校就在老家的县城里。走进这所学校,就看到学校图书馆,走进去,发现图书馆里有很多书,比县城那个新华书店里的书都多。班主任老师要求我们多看书,我相信了,去了图书馆,看了不少书。毕业后,我买书、看书、写书。多年的读书看报,让我搜集到很多

9　哪些数据能说服人必须要多读？

数据：

（1）犹太人人均每年读书64本（2016年达到70本），一直是世界上人均每年读书最多的民族。

（2）芬兰是世界上图书馆使用率最高的国家，同时芬兰图书馆的分布密度也在世界上名列前茅。芬兰人均每年读书60本，并且年年还在增加。

（3）1991年之前，苏联人均每年读书55本，是当时世界上人均每年读书最多的国家，很可惜这个国家解体了。

（4）美国从克林顿总统开始实施每人每年读50本书的阅读计划。2012年，美国全国性的教育大纲《各州共同核心标准》开始实施，要求美国小学毕业生至少需要阅读1404本课外读物，阅读量占到全部K12年级阅读量的77.6%。美国《加州公立学校阅读/语言艺术大纲（K12）》规定小学一二年级用在阅读的时间每天150分钟（在校）+在家30或45分钟，这是全美最高标准。

（5）在亚洲，日本人读书最多，人均每年读书40本，（2016年达到44本）韩国则是25本。

（6）2002年起，我国开始调查全民阅读，数据是：人均每年读书1.6本（2002年）、2本（2005年）、4本（2008年）、6.6本（2011年）、4.39本（2013年）、4.58本（2015年）、4.55本（2016年）、4.66本（2017年）、4.67本（2018年）。

（7）2011年我国《全日制义务教育语文课程标准》规定，9年的

阅读量是400万字，2017年《高中语文课程标准》规定3年不少于300万字。这些量是多是少？一本书按照10万字算，九年读40本书，每年读书约4.5本。那9年时间400万字，平均每天读多少字、每天需要多长时间就可以达到这个底线要求呢？请看几个算式：

算式一：$4000000 \div 365 \div 9 \approx 1218$（个），九年时间，每天只要读1218个字就能达到400万字！每天读16开本的杂志不到一页就可以完成这个任务。

算式二：$50000 \div 365 \div 2 \approx 69$（个），这是一、二年级课程标准规定的阅读量，每天只要读69个字，就可以完成5万字的课外阅读任务！

算式三：$400000 \div 365 \div 2 \approx 548$（个），这是三、四年级平均每天的阅读量，每天只要读548个字就可以达标！

算式四：$1000000 \div 365 \div 2 \approx 1370$（个），$1370 \div 300 \approx 4.7$（分钟），这是五、六年级平均每天的阅读量，因为课程标准明确规定五、六年级每分钟默读300字，那么每天读1370个字，只需要4.7分钟就行了！

算式五：$2600000 \div 365 \div 3 \approx 2375$（个），$2375 \div 500 \approx 4.8$（分钟），这是初中三年平均每天的阅读量，因为课程标准规定每分钟默读500字，那么每天读2375个字，只需要4.8分钟就能完成。

不算不知道，一算吓一跳！看似惊人的400万字，其实每天只要阅读四五分钟就行了。一天拿出四五分钟来课外阅读，多不多？

（8）香港从2001年之后要求小、中、大学生每学期读30本书。

（9）我国宝岛台湾教育主管部门2000年发文：希望幼儿园幼童每

年至少阅读 100 本推荐的书籍，小学低年级至少 80 本，中年级至少 60 本，高年级至少 40 本。

（10）2016 年 PIRLS（国际小学生阅读素养测试），英国取得比较好的成绩。因为他们第一学段根本没有教材，学生全读图画书，1–3 年级学生每周要读 11 本书。

以上十组数据，可以说明我们的中小学生读书量实在太少。

（11）韩国陈庆惠在"妈妈学校"丛书中说，她的儿子 18 岁获得博士学位，女儿 10 岁考入大学。她说："孩子最好的老师，是善于学习、勤于实践的妈妈。"他们夫妇在孩子出生 6 个月时，就开始让孩子触摸图画书。她每天都要和丈夫给孩子读上至少 20 册图画书。他们夫妇都成了故事大王。

（12）美籍华人邹奇奇，到 11 岁时已读了 1700 多本书，发表了 400 首诗，出版了 4 部书。

（13）2010 年 9 月 19 日，香港举行一年一度的"儿童及青少年阅读计划"，4 岁的文浩谦获颁"杰出表现奖"，成为全场年纪最小的获得奖者。这一年，他读了 2618 本书。

如果你们生的是一男一女（或者说两个孩子），就与陈庆惠的孩子比一比阅读量；如果你们生的是儿子，就与文浩谦比比阅读；如果你们生的是女儿，就与邹奇奇比比阅读与写作。

（14）苏霍姆林斯基（1918—1970），苏联著名教育实践家和教育理论家，个人藏书达 19000 册。苏霍姆林斯基一生持之以恒地探索和孜

孜不倦地写作,奇迹般地写出了 40 部专著、600 多篇论文、约 1200 篇儿童小故事。

(15) 陶行知(1891—1946),我国人民教育家、思想家,虽然没有他读书多少的明确记录,但他一生留下的著作达 1200 万字。

如果你是老师,想做教育家型教师,就以两位教育家为榜样,多读多写。

(16) 关于马克思,有一个故事。《资本论》第一卷引用了 1000 多种材料(其实他真正地读了 1500 多本书),其中只有一条被一位大学教授怀疑过,并借此诬蔑他"捏造""撒谎"。但经过马克思的女儿——爱·马克思的查对,证明"马克思没有删掉任何值得一提的东西,也绝对没有增添任何东西"。那位教授结束了长达 20 年的攻击,最终再也不敢怀疑马克思在写作上的认真。不管是引用、质疑、考证,都可以看出马克思及女儿、大学教授都需要读很多书,才能完成这一些工作。

(17) 钱锺书(1910—1998),作家。钱家有书 5 万余卷,在 1929 年考入清华大学外文系之前,钱锺书便将这些书读完了。考入清华大学后,他发誓要把清华大学图书馆的书读完。已故语文教育专家商友敬曾经说过,他在钱锺书家待过很久,专门观钱先生怎么看书,发现他每天都从图书馆借 20 本书,晚上居然就可以看完,或者第二天看完。他看书不是一目十行,而是一目一页,非常神奇。有人做了统计,钱锺书一生看书超过 40 万卷。

（18）南怀瑾（1918—2012），国学大师。在《南怀瑾讲演录》一书中，南怀瑾先生说自己读过四五十万卷的书。

（19）阿克顿勋爵（1834—1902），英国历史学家和政治思想家，19世纪英国知识界和政治生活中最有影响的人物之一。他是著名的自由主义大师，曾任剑桥大学历史系教授，并主编《剑桥近代史》。他可以算是世界上读书最多的人。他一生嗜书如命，除了把自家的7万册藏书都读遍外，还博览群书，做了大量读书笔记，并一直乐此不疲地阅读到他68岁逝去的那年。

这四位大家的阅读数据告诉我们，如果你们想让自己的一生有大的成就，他们注定会是永远的明灯！

（20）2012年3月3日，《重庆时报》微博上有一段文字："对于'90后'来说，炫富已经不稀奇了。近日，一位重庆女孩靠炫书走红网络。这名女孩是一名学艺术的女孩，自称参加了重庆市专业联考，在19000名考生中排名第23。她在论坛发帖《我家没有宝马车，只有藏书数千卷》，被网友称为'炫书女'。"这是人世间最美的"炫富"。

这一资讯非常有意义，假如大人、孩子们常常这样炫书，世界就会变得不一样了。

一个人虽然很难读百万本书，但读万本书是可以的。一个国家、一个民族要想兴旺发达，持续发展，就要全民阅读、写作共行。一个人要想真正成功，多读多写肯定不能少。

与孩子共读共书

（21）美国内华达大学有一个研究报告，研究调查的对象包括了27个国家，共7.3万名学生，目的在于调查他们受教育的时间长短。调查发现，家中有藏书的孩子，大学毕业的比率比起家中没有藏书的孩子，多出了20%。另外，家中藏书量若超过500册以上，孩子受教育的时间也平均多出了3.2年。在中国大陆，家庭藏书超过500册以上的家庭，孩童接受教育时间比没有的家庭，平均多出6.6年。

（22）日本畅销书作家、精神病科医生桦泽紫苑在《过目不忘的读书法》一书中写到：①如果你每个月读7本书，你将超过96%的日本人；②如果你每个月读10本书，你将超过98%的日本人；③桦泽紫苑说自己每个月要读30本书，每年出版3本书，每月都有演讲，每月去电影院看10场电影，每年两次长途旅行……他告诉我们，过目不忘的读书法就是天天写作天天读书。

这两组数据告诉我们你家该藏多少书，你的孩子要想超越，每月该读多少书。

10

0~3岁的阅读与识字3000

"三岁看老,七岁看小。"三岁之前,大人给孩子做了什么,意义非凡。

韩国陈庆惠与丈夫是从孩子6个月时开始读书给他们听的。讲座中,每当讲这件事时,都会有很多父母、老师问我:"6个月的孩子能听懂吗?"

我一直说,这是一个非常傻的问题。当然,也有一些阅读推广人说,给孩子阅读的东西一定是他们能咽得下去、消化得了的。"一切比

喻都是蹩脚的!"如果以"咽得下、消化得了"为标准给 0~3 岁的孩子寻找读物,没有谁能准确地为这些孩子找到。

其实,产生疑问的许多父母、阅读推广人都忘记了一些事:一是怀孕过程中的胎教,肚里的小宝宝能听懂爸爸妈妈的话吗?听不懂为什么还要胎教?哪些话,肚里的宝宝能咽得下、消化得了?你能找到吗?绝对找不到!二是孩子自出生那天起,所有的大人抱着孩子、喂着孩子时都会重复来重复去地说很多话,这些话孩子能听懂吗?他们能咽得下、消化得了?咽不下、消化不了,为什么还要说?如果人类都认为孩子们听不懂而放弃说话,结果会是怎样?

听不懂,也得讲。讲多了,孩子在数月后就会叫"爸爸、妈妈",一年后就会说一个词、一句话,两三岁左右就可以与大人交流了。这就是人类的奇迹!这是其他任何动物都无法与人相比的。

读书也是这个道理。很可惜,明白这个道理的人并不多。陈庆惠比许多母亲明白,其儿女的成功不是偶然,不是因为他们是天才,而是因为两个孩子从 6 个月开始接受了父母给他们的大量阅读——一天读 20 本图画书!

我们不妨来算一算。一天读 20 本图画书(两三个小时可以完成),一年时间小宝宝就可以听到 7000 多个故事,3 年可以听完 20000 多个故事。听完 20000 多个故事的孩子,与没听或只听几十、百余个故事的孩子有差异吗?肯定存在差异,差异还一定非常显著。

再来说说早识字的问题。很多专家说,对此一定要慎重。我知道,对于早识字这件事的确有好多争议,但有时候也请父母们不要迷信专家。

2015年暑假,我想研究一下华人诺贝尔奖科学奖获得者的童年,看他们的童年与普通人有什么不一样。当时屠呦呦还没有获奖,我总共看了10位教授的童年故事,其中有4人没有在中国出生,整个童年与中国式家教没有多大关系,剩下的6人,居然都是在3岁时就认识了3000多个汉字,4岁就能看书读报。这6人全是母亲所教,从所使用的方法看,6个人都不是神童,与普通的3岁小孩没有区别。

这6位母亲怎么教的呢?一是每天先用笔写十来个字,字写得非常大;二是拿一张报纸,让3岁的孩子到报纸中找这十来个字玩。令人惊奇的是,他们每天都能准确找到。第二天,继续写十来个新字,让孩子在新的文章中找。这种游戏每天必玩,所用时间不多,孩子也不厌倦,一年间认识了3000多个字。当然,6位母亲中,没有一位母亲要求孩子去写字(这一点非常正确,绝对不能让孩子写!他们的手太小,握不住笔)。孩子找了一年,早已经喜欢上这个游戏,有了找字的习惯,经过几千次的寻找,他们4岁时能读报看书才是顺理成章的事。

我读到这些资讯时已经太晚,在女儿3岁那年自然没有进行这样的引领,我有点后悔,但后悔有什么用呢?这种做法真的可行吗?其实大家可以试一试,一天十来个字,用不了多长时间,也不会对孩子造成任何伤害。在孩子寻找的过程中,如果出现差错,千万不要惩罚孩子,哪怕半句不当的话语都不要冒出,这就是玩,不是什么任务。这里有一个

故事：我单位里有位女老师，在女儿两岁半时让孩子找字玩。第一天，孩子真的能把"大、小"等字准确找到。第二天，当这位妈妈指着墙上同样的字让孩子读时，孩子却一个字都读不上来，这位老师随即认为我说的这一方法不合适，不适合她的孩子。就这样，她家的找字游戏才做了一天就结束了。时间过得很快，两三周过去了，有一次全家人到超市买东西，小孩子居然指着货物的标签说，妈妈这是"大"，妈妈这是"小"，妈妈这是……这位妈妈恍然大悟，又重新相信了这个游戏，认识到自己第二天进行的、学校教育式的复习检查是不当的。此后，她家的找字游戏继续进行，孩子乐在其中，父母笑容满面。半年不到，孩子陆陆续续地认识了500多个字。我告诉她，不要急，哪怕到5岁结束找完3000多个字，也是了不起的事。

为什么孩子们能准确找到字？其实原理很简单。3岁的孩子做这种找字游戏，与一两岁的孩子能在一群人中立即找到自己的妈妈一样（其实孩子在找字前，就无意识地见到过这些字，尤其平时爱听父母读故事的孩子，在边听边看的过程中，书中的字一直在他们面前跳跃），与在一张画着很多动物的图片中找到刚刚看到的动物一样简单，这一个个字对于孩子来说就是一幅幅画。

3岁的孩子找字玩，是一种游戏，与小学生识字不一样。让3岁的孩子像小学生那样识字，肯定是不合适的。但找字游戏，却是可行的。

10　0~3岁的阅读与识字3000

　　0~3岁的阅读与找字游戏不是增加幼儿的负担，相信者就去实践吧！与孩子玩玩，不要有压力，不要有什么特别的期待，我们的目的是让孩子科学成长，让孩子有序成长。我一直讨厌"不要让孩子输在起跑线上"的说法。这一做法，也不是为了让孩子赢在起跑线上。对于孩子，应该有一种尊重，对儿童自然成长的尊重。儿童是人，他们在成长中需要阅读，需要人类最伟大的发明——文字。

11

父母在"任期"内别把孩子外包

日本管理学大师大前研一在《低智商社会》一书中痛斥当下日本的许多父母把孩子外包给一些培训机构。

什么是外包？外包是一个战略管理模型。所谓外包，指在讲究专业分工的20世纪末，企业为维持组织的竞争核心能力，且基于组织人力不足的考虑，可将组织的非核心业务

11 父母在"任期"内别把孩子外包

委托给外部的专业公司，以降低运营成本，提高品质，集中人力资源，提高顾客满意度。外包业是新近兴起的一个行业，它给企业带来了新的活力。外包将有关企业人员解放出来，以更专注于核心业务、特长业务，更有利于提高产品的整体质量。

家庭教育中的外包，与企业的外包不一样。家庭教育中的外包指的是许多父母以工作忙等为由，过早地把自己的孩子包给了爷爷奶奶、外公外婆、早教所、幼儿园、培训机构等。孩子到了上幼儿园、小学的年龄，按时走进学校，这不是外包；当孩子不在学校的所有时间（放学回到家到上学的时间、周末、假期等）被父母人为地放置到某些地方，父母二人无一人在场，甚至一日三餐都没有父母在场，这就是外包。这种外包，父母在哪里呢？不一定都是因为工作，有的父母为了所谓的应酬，有的父母还没有长大，自己还要玩玩等，总之，大多数的父母们并不在做最重要的事、最核心的事。当孩子来到这个家庭，对于这个家来说，最具有核心竞争力的事，是利用几年时间陪伴孩子，让孩子真正健康成长。父母不在孩子身边，对于孩子一生来说，都是一种不幸，甚至是灾难。

"对于孩子来说，父母是有任期的！"每位读者，可以回忆一下自己是从什么时候开始不听父母话的。是不是从十二三岁之后？有很多人还要早。孩子为什么原本听父母的话，后来不听了？这是孩子长大的表现，是正常的。世界上不管哪个国家的孩子，开始不听父母话的年龄都差不多。也就是说，世界各地，不管哪个国家的父母，其任期都是十二

三年。

纪伯伦写过一首《先知·论孩子》的诗：

你的孩子并非你的孩子，

他是生命渴求自身的儿女。

他们由你而生，却并非从你而生，

纵然他们跟着你，却不属于你。

你能给他们爱，却不能给他们思想，

因为他们有自己的思想。

你能庇护他们的躯体，

却庇护不了他们的灵魂，

因为他们的灵魂居于明日之屋，那去处你不能拜访，即便是在梦乡。

你可尽力去仿效他们，却不可让他们像你。

父母如何仿效孩子，才能让他们不一般，成为一个独特的个体？这与父母在关键的十二三年中做什么有关，这也是家庭教育是否成功的决定性因素。细读《傅雷家书》的读者，一定知道在傅聪、傅敏的0～13岁时，傅雷夫妻俩做了什么。我有一个小小建议，那就是年轻父母一旦决定要孩子，最好有一个十二年教育孩子的规划。比如：

0岁至哺乳期，父母除了正确地喂养孩子外，还要明白要跟孩子说什么，说多少，这一切真的不能随意。日本专家曾经做过如何把"妈妈的语言"教给孩子的研究。方法很简单，所有的父母都会，就是父母们反复说。在反复说的过程中，所有的孩子都会无意识地听着并记住很多词语。在记的过程中，孩子开始学会分辨，逐渐懂事，进步神速。这从孩子出生后仅仅 12 个月内，就可以看出他们的变化有多大。日本人在研究中还发现：生养第一个孩子，由于父母亲没有教导孩子的经验，从哺乳期开始就表现得小心翼翼，不敢与孩子说话，即使说话也是轻声轻语，生怕孩子被吓到。走路变得蹑手蹑脚，客人过来看小孩子也不敢发出大一点的声音，电视机的声音也调小了……这样的教育，让孩子听到的词、句变少了，这对孩子以后的人生会留下深刻的影响。这一点，我们也不例外。日本人有句谚语叫"总领的甚六"，"总领"是"长子"的意思，"甚六"是"傻子"的意思，即傻子老大。生养第二个孩子时就不一样了，父母往往有了经验，从孩子出生那天起，大人仍然是大人，想说就说，想看电视就看，声音大点也无所谓，客人来了，也没有任何要求。第二胎的孩子在 1 岁前，听到的词、句远远超过老大，所以老二多比老大聪明有智慧。

孩子 1 岁了，年轻父母做什么？教他们走路，带着他们看世界，每天读几个故事给他们听……

孩子 2 岁了，他们会说许多话了。你们一定会发现，小宝宝有使不完的劲。只要醒来，小宝宝就不闲着。那就让他们动起来，别阻止他们动。让他们的手做能做的事。故事肯定要继续读，每天讲几个故事，他们非常需要。

孩子 3 岁了，他们可以玩找字游戏了。当然，还可以玩玩数学了。

我有一个朋友，在他孩子3岁那年，让孩子认识麻将中的许多牌，让孩子玩排列组合，比如把一、二、三万放在一起，认识"一二三"和"三二一"，二、三、四万放在一起，玩"二三四"和"四三二"等，两人共同享受着数列之美。我这位朋友是中学特级教师，他的孩子非常优秀，高考成绩全市数一数二，大学毕业后成就非常大。对于3岁的孩子，父母还要继续读故事给孩子听，如果能一直读到小学毕业，那是最好的。这一年，好多小朋友上幼儿园了。父母从孩子上幼儿园的第一天起，一定要做个好听众，让孩子讲自己在幼儿园的故事，讲自己的独特，讲自己的创造。

孩子4岁了，可能比以前顽皮多了，肯定会有很多意想不到的事发生，甚至会做错好多事。这时候，父母该怎么做呢？美国人一直强调白人比黑人优秀，他们认为黑人的孩子与白人的孩子智力差距肯定很大。对此，美国的社会学家进行了调查与研究。他们发现，黑人家庭的母亲面对打破玻璃的小孩，通常只会丢下一句："你看你做了什么？"或者打小孩的屁股进行处罚，却不会提到为什么不能这样做。如果孩子问理由，母亲大多只会回答："不能做就是不能做呀！"孩子因为讨厌挨打，才知道打破玻璃并非好事。也就是说，因为吃了苦头，所以不再打破玻璃。而白人家庭的母亲，大多会通过语言，设法让孩子理解不能那样做的理由。白人中当然也有像黑人一样用体罚代替口头教育的母亲，但大多数是用语言去解说。虽然这样做也不一定就能让孩子懂得什么道理，但每一天的这些解释所用的词句超过黑人母亲数倍、数十倍、几十倍甚

11 父母在"任期"内别把孩子外包

至百倍,这种解说对于训练孩子分辨善恶、协助孩子走入抽象思考的境界是非常有效的。所以社会学家得出了这样的结论:白人儿童智商高并不是因为他们拥有白人的基因,而是因为他们出身于能够委婉运用词语的家庭。后来,这个研究团队专门训练黑人母亲用细致的词语指出孩子犯错的理由。研究报告最后显示,由这些母亲照顾的小孩的智商与白人小孩的智商几乎没有差别。人种不同造成的智商差距,其实就是由日常生活所使用的教育词语多少造成的。4岁了,孩子的涂鸦也多了,面对孩子的涂鸦,年轻父母们千万不要阻拦。发生认识论创始人皮亚杰对孩子的涂鸦有过专门的研究,孩子在漂亮的墙上画画,就让他们说画了什么。这可是孩子创造的一个个故事,父母要将其拍成照片,将故事一一记录下来,就会成为你们家非常了不起的事。一定要记得,墙不是脏了,而是你们家孩子开始创造世界了!

孩子5岁了,他们问你们的事多了,这个为什么,那个为什么,接二连三,你们不能烦,更不能敷衍。如果你们不在他们身边,孩子的许多问题,可能就消失了。很是奇怪,孩子们大多只问爸妈这个为什么,那个为什么,却不怎么问爷爷奶奶、外公外婆,更不会问保姆。5岁,是幼儿开始要拥抱科学的年龄。这个年龄,父母同样不能缺席。

孩子6岁了,这一年,还是别让孩子写字。别以为快要读一年级了,就提前做一年级的事。让孩子好好地再玩一年。

年轻的父母,可以将孩子0~6岁间做的事、说的话用文字、图片记录下来,如果你们不记录,很多精彩就会被忘记,甚至永远想不起

来。每天记一记，等你们的宝贝读小学后，可将此作为礼物送给他们，让他们看到自己的过去原来这么有意思。接下来，就让他们在小学中创造奇迹吧！

7~12岁如何规划？一是别把孩子早早地往各类补习班里赶，建议小学阶段别上补习班；二是从一年级开始，让孩子自己每天读书，对每天读什么要有小小的记录，时间别少于1小时；三是从一年级开始，让孩子每天写点东西，一、二年级最好是孩子说，父母帮助记，三年级开始让孩子自己写，尽可能早学会使用电脑写作；四是从一年级开始，能与孩子一起研究一点东西，哪怕一个学期研究一个小东西；五是尽可能地让孩子多多使用字词典，别受小学阶段学会2500个汉字的限制，2500个汉字只是课程标准的最低要求，多识字好；六是有一项钟爱的体育项目；七是最好学一种乐器，如果可能，学会唱二三十首歌；八是对数学有一种爱，特别是学会基本的数学式思维；九是如果可能，看完100部电影；十是设计一个游戏，有自己的小制作，有自己的玩具，如果对魔方等感兴趣更好，如果能有小发明，那是非常幸福的事；十一是如果孩子有多动症、抽动症等，要根据这些孩子的特点做一些特别的事，比如让多动症孩子学舞蹈、练打球等；十二是一定要把字写好；十三是从孩子入学第一天起，每天放学后，要专门抽出时间倾听孩子的故事，让他们讲起来，一直讲到小学结束；十四是小学阶段结束，与孩子一起整理0~12岁的童年，最好整理一本书出来，珍藏；十五是与孩子一起规划初中三年、高中三年的独特生活……

11 父母在"任期"内别把孩子外包

每个孩子都是不同的,每个家庭都是不一样的,父母们都有自己的爱好,孩子们都有自己的特点,根据自己孩子、自己家庭实际来设计这个规划,是必须要考虑的出发点。总之,有规划远比没有规划好。人是有创造性的,规划也应该有创造性、灵活性。以规划行走,却不是按部就班,而是真正地去把"父母这个十二三年的期限"做到最好。父母不重视,孩子的未来就有可能让你不知所措,有可能让你悔恨终生。

别把孩子外包给他人,这是日本管理学大师对日本的警告。我国中小学生父母把孩子外包给培训机构等,已经非常普遍了,但至今我国还没有名人志士发出这样的警告。父母们再忙碌,也要找到时空与孩子在一起,与孩子一起成长。孩子是你的,每个孩子的0~13岁只有一次,错过了,就真的没有了。

12

一定要让孩子写毛笔字

读小学三年级时,我开始用毛笔写大字,每天下午有专门的20分钟写字时间,一直写到五年级(那时候没有六年级)。初中三年,没有毛笔字课。读师范学校三年,学校专门开设了毛笔字课,有专门的教师教书法,每天有20分钟写毛笔字的时间。我会写毛笔字,我爱写毛笔字,与小学、师范学校的求学经历有关。

师范学校毕业后,我到小学工作,发现孩子们都不写毛笔字了,小学也没有专门的写毛笔字的时间了。小学取消写毛笔字是从什么时候开

12　一定要让孩子写毛笔字

始的？据考证，是从1986年秋季开始的。

1996年秋季，女儿读小学一年级，整整六年里，学校没有开设毛笔字课，初中、高中更没有毛笔字课，也没有专门的写字课，大学就不用提了。女儿不会写毛笔字，与小学及整个基础教育阶段没有毛笔字课有关。

小学取消毛笔字，是教育改革中的一场灾难性事件，我是这么认为的。初中、高中、大学不设毛笔字课，也是我国教育史上的灾难性事件。

学校不开设这一课程，我国的书法教育却没有终止。一些爱好书法的大人，在努力推进这件事，所以现在有书法培训与书法考级，一些家长也冲着考级证书让孩子学了起来。这也算是一种补救，但我并不看好这件事。

我个人觉得，父母们让孩子去写毛笔字，不应该是为了考级，而是为了培养孩子真正的素养。真正的读书写字，也应该包括写好毛笔字。

"文房四宝"（笔、墨、纸、砚）是我国了不起的发明创造，日本人尤其热爱这"文房四宝"。现在的日本人，特别是日本的中小学生，每天都要在固定的时间里用毛笔写字。元旦那天，日本的父母们会让孩子用毛笔书写相当于我国春联一样的东西，意在告诉孩子，每一年都要从用毛笔写字开始。21世纪初，2亿多人口的日本能称得上书法家的达20余万，13多亿人口的中国能称得上书法家的肯定没有2万。而且，我国书法家与日本书法家差距很大，我们的书法重在艺术化的形式，所

写的内容多是前人的（比如唐诗、宋词、元曲、名人名言），而日本的书法家所写的内容均为原创。

2016年暑假，我去西藏支教，在一本中国民航杂志中读到这样一组数据：全球寿命超过200年的企业，日本有3146家，为全球最多，德国有837家，荷兰有222家，法国有196家。下了飞机，我立即查找我国有几家这样的企业——9家。后来，我又在《环球日报》中读到："日本300年酱油老店龟甲万株式会社，是日本酱油市场的龙头。"文中说，酱油是中国人的发明，日本酱油是从中国引进过去的。继续查找，我国现存的超过200年寿命的9家企业中没有做酱油的。

为什么日本会有那么多的长寿企业？世界上，为什么有那么多的人钟爱日本的产品？

答案是：日本人重视工匠精神，更重视精益求精，这些长寿企业一直坚持用技术维持着产品质量，还不断地创新，产品的确是真正的、过硬的世界一流。他们为什么会拥有这些品质？原因不好说。但两三百年来，日本没有停止用毛笔写字，如今日本的中小学每天用毛笔写字更是必修的功课。这其中或许存在某种联系。

我国中小学为什么鲜见有开设毛笔字课的呢？一是中高考不考，不考当然没有必要教；二是现在能教毛笔字的老师很少，师资严重缺失。当然，最关键的原因还是不重视。用毛笔写字，绝非一日、数日、一年、几年就可以写好、写美、写得有艺术味的，只有长期书写，形成习惯，才能拥有真正的书法素养。

12　一定要让孩子写毛笔字

肯定有人会说，毛笔不就是一个工具嘛，用铅笔、钢笔、圆珠笔不是一样的吗？都什么时代了，还抱着毛笔不放！然而，在信息时代，日本人为什么不放弃用毛笔书写呢？进入21世纪，日本的一些政客也试图要求中小学取消毛笔字课程，但遭到了书法家、教育家、企业家、科学家等人的反对，他们坚决要求将毛笔字课坚持下去。

好多年前，我就知道，中学老师就说小学老师没有打好学生的书写基础，以至于中学生书写时错别字特别多。其实，错别字多与不写大字有关。实践证明，学习新字时，如果首次写得非常大，如果还能够用毛笔慢慢写，丢、增、改笔画等错误会大大降低。如果字写得太小，儿童是无法非常准确地看清楚每个笔画的，错误率肯定很高。

作为中国人，应该用好中国文字，应该传承好毛笔字艺术，不能因为信息时代到来，放弃用毛笔书写。

2011年8月，我国教育部发文要求小学三至六年级每周一课时书法课；2015年一些省市开始落实，2017年全国小学课表上都有每周一节书法课。但，一周上一节课，还是难以让全体学生写好毛笔字的，写毛笔字需要天天写，写一生。

我知道,学校放弃用毛笔书写好多年了,想让学校重视,增加这一课程,真的不是那么容易。国家教育部虽然发了文提倡书法教育,但由于中高考不考,大学录取学生也不作为必要条件,很多要求仍然会流于形式。而将其转嫁给年轻父母,的确是一种负担。日本重视毛笔字书写与教育主管部门有关,虽然高考也不考,大学录取学生也没有这个要求,但父母的重视是值得借鉴的。其实用毛笔字书写,也不是什么难事,也不是某类有兴趣之人的事,只要年轻父母想让自己的孩子做,孩子一定会在长期的书写中,收获艺术性的幸福。

13 莫让孩子死记硬背，13岁之后背一背《孟子》

2016年11月28日，新加坡《联合早报》发表一篇《中科院：中国每年浪费食物1700万至1800万吨》的文章，摘取几段，一起看一看：

中国的食物浪费现象到底有多严重？一个比较流行的说法是，中国每年浪费的食物几乎相当于两亿人口一年的口粮；餐饮协会保守估计，2010年中国餐饮业至少产生2100亿元食物浪费。

据中国经济网报道，中国科学院地理科学与资源研究所课题组

2013～2015年的调查结果显示，中国餐饮食物浪费量约为每年1700万至1800万吨，相当于3000万到5000万人一年的口粮。

"我们在北京、上海、拉萨、成都四个城市开展了历时100余天的调研，包括366家餐馆、6983个餐桌样本，完成访谈750余人次、消费者调查问卷7482份，称量3.2万余道菜品，累计称重10万余次。"11月26日，在北京举办的由联合国环境规划署、中华环保联合会等单位共同主办，瑞典政府斯德哥尔摩环境研究所、中国国家自然科学基金委等支持的"减少食物浪费——可持续食物供应链与消费端多方平台国际研讨会"上，中国科学院地理科学与资源研究所成升魁研究员，对记者介绍了其有关食物浪费的国家研究项目取得的成果。

当前，粮食危机与食物浪费现象一同引起了全世界关注。"作为我们的食物来源，农业使用了70%的淡水资源和30%的全球能源，占用33%的土地，产生20%的温室气体。即便如此，全世界却依然有1/9的人口得不到足够的食物供给。"世界自然基金会可持续农业与食品专员于鑫说。

作为中国人，读到这一资讯，有一种说不出的滋味。中国人为什么要这样浪费呢？浪费是一件非常不好的事，一代代的大人与孩子哪个不会背"锄禾日当午，汗滴禾下土。谁知盘中餐，粒粒皆辛苦"？看来这样的背诵并没有改变整个民族，让人拥有节约之素养。

这几年，我在数个QQ群上谈"背诵"，试图提出取消"背诵"，支持者不多，反对声可谓一片。

13　莫让孩子死记硬背，13岁之后背一背《孟子》

什么是背诵？词典中说："背诵是指不看原文凭记忆而念出读过的文字的读书方法。它是读书的基本功之一。"多好的解释呀，背诵无罪可谈，为什么要取消它呢？那人来到这个世界上，为什么要背诵？没有背诵，还有其他行之有效的方法吗？背诵到底出现了什么问题？

首先，老师、家长为何这么爱让孩子背诵？其实，老师爱让学生背诵是有原因的。一是重视背诵是课程标准的规定，课程标准明确规定九年背诵240篇（段）；二是每一册语文课本中都有相应的背诵任务，如背诵诗歌、优美文章的段落；三是每学期期末考试卷上都有专门考背诵的题目，即根据内容填空；四是背诵教学最简单，几乎没有任何教学艺术可谈，任务布置下去，学生反反复复读背就行，检查方法简单，同桌互查，背得熟练不熟练，一听便知；五是几千年来，有很多名人因在童年时期背诵了很多经典而成功，这些真真假假的故事好像证明背诵有着神奇的价值；六是一些专家通过讲座到处宣扬，13岁之前背诵某某经典足够一辈子使用，12岁前学习语文主要以背诵为主，因为十二三岁之前人的记忆力最好，不要管孩子懂不懂，背诵下来再说。所以，大人们让孩子背诵起来。

我觉得，让儿童背诵经典，不能一概而论，过分强调童年的背诵是在消费孩子的记忆力，特别在学校课程已经压得学生头抬不起来的情况下。看看这些年我国出版的教辅用书及一至六年级的期末试卷，"根据课文内容填空"的分值都在20～30分。凡是改过试卷的老师都知道，评分标准非常严格，多一字、少一字都不行，错别字就更不用说了。为

什么要这么严格？原因非常简单，"根据课文内容填空"，多一字、少一字，虽然不影响意思，但那不是课文上的。为了保证不多一字、不少一字，老师要求学生在家、在校，一遍又一遍地背诵，一遍又一遍地抄写，一遍又一遍地默写。这样的背诵，孩子不讨厌语文，那才叫奇怪呢！课文中的东西让孩子背得死去活来，哪还有兴趣和时间去背诵那些经典呢？

其次，我们应该问问孩子，他们真心喜欢背诵课文吗？最近几年，每个学期结束，我都要搞一个"学生眼中的课文"小调查。2017年1月，我对100名使用苏教版五年级上册语文教材的学生进行调查。本册共有课文26篇，其中《读书莫忘"拦路虎"》是略读课文，其他25篇均属于每篇要上二三课时的精读课文。调查项目非常简单，就是选出12篇自己喜欢的课文，选出5篇自己不喜欢的课文；然后确定最喜欢、最不喜欢的一篇课文，分别写出理由。100份问卷交上来，学生喜欢的课文按照得票多少的顺序分别是《装满昆虫的衣袋》（92票）、《诺贝尔》（86票）、《天火之谜》（85票）、《艾滋病小斗士》（80票）、《变色龙》（79票）、《厄运打不垮的信念》（78票）、《滴水穿石的启示》（76票）、《陶校长的演讲》（70票）、《师恩难忘》（67票）、《黄果树瀑布》（65票）、《嫦娥奔月》（64票）、《读书莫忘"拦路虎"》（60票）。学生不喜欢的五篇课文是：《金蝉脱壳》（99票）、《黄山奇松》（92票）、《成语故事》（89票）、《黄鹤楼送别》（82票）、《去打开大自然绿色的课本》（79票）。学生将有背诵任务的课文全部列入了不喜

13 莫让孩子死记硬背，13岁之后背一背《孟子》

欢。而本册教材要求有背诵任务的有三类内容，一是整篇课文及部分段落的背诵（本册共有11篇课文中有背诵任务，占42.3%。26篇课文共有180段，应背诵的段落有35段，占19.4%，也就是说五年级上册课文中有1/5的课文及段落背诵任务），二是诵读与欣赏类（本册共要求背诵3段名言及《幸福》《边疆小夜曲》《浪花与礁石》），三是背诵朝代歌。学生不喜欢的理由很简单，他们认为这些背诵的课文总是与试卷中的"根据课文内容填空"密切相关。

再次，我们应该研究研究，世界上有没有基础教育阶段不让孩子背诵的？好多年前，我就看过我国台湾国学大师王财贵《13岁前应教给孩子全部学问》的演讲。王财贵是全球"儿童读经教育"的首倡者、实践者和推广者。他一再强调"教育是非常简单的事；教育是非常轻松愉快的事；要培养人才，是不费吹灰之力的事"。他说："孩子的启蒙教材应该是《论语》，第二年开始读《大学》《中庸》《庄子》，第三年读《孟子》《诗经》《易经》。到了第四年以后，可以读《春秋》《礼记》《古文选》等。我认为，按照这份书单持之以恒，儿童读经一年，国文程度可超越高中，读经两年可凌驾大学，读经3年则应有中文研究生的水准。每天花个二三十分钟，一年就可以背下3本书。千万不能让孩子读那些小儿科的东西。"2012年4月，江苏省首届小学语文特级教师领军人才研修班到台湾考察，我作为其中一员，考察了屏东大学及其附属小学、永和小学等。永和小学的吴顺火校长赠送给我们台湾正在使用的小学国语教材共39本（翰林版、南一书局版、康轩版每个版本13

本）及教师用书一套。我利用一年的时间，把这些教材及教师用书研究了一遍，奇怪地发现台湾整个小学国语教材只字不提"背诵"！为什么呢？我在网站上查到了台湾地区的语文课程纲要，这个纲要居然也没有出现"背诵"两字，更没有任何背诵的要求。

在我国台湾，王财贵先生对国学的热爱，教育界不可能不知道，为什么台湾的国语教育居然只字不提背诵呢？真是令人百思难得其解！王财贵先生的这一演讲，在国内的确得到了一些人的认同，一些成人开始用这种方式训练自己及自家的孩子，个别学校的校长打着国学的旗号也试着让学生背《三字经》《论语》了。他们的成果怎样呢？十年树木，百年树人，一时半会是说不清楚的。不过，我观察了一些学校，发现背诵经典除了能给来宾整齐划一、气势恢宏的表演，参加某种比赛得到一些证书外，没有给学生带来什么本质的变化，而在背诵的过程中，的确有很多学生是被逼着不情愿地参加背诵的。其实，这种死记硬背式的背诵，指望未来再理解的提前式背诵，不能说一点用都没有，但其危害肯定也有！对于优秀传统文化的学习不应该仅仅体现在背诵上，这会让一时背不下来的许多人永远讨厌读书学习。从五四运动前后多少大师对背书的讨厌可以看出过分强调背诵经典的危害！南怀瑾先生说过五四运动是对传统文化的破坏，但他也说过："天天读古书，那是害死人的，'读死书，死读书，读书死'。不要把读经和学习现代知识技术对立，不要以为读经可以代替做人做事的修养，不要以为读经就可以当饭吃了；也不要每天读很久，读烦了，反感了，一二十分钟快乐地朗诵慢慢

13　莫让孩子死记硬背，13岁之后背一背《孟子》

就容易背下来了，不要变成负担。"

我就是一个天生讨厌背诵的人，当时的我、现在的我、未来的我，都不会完全相信王教授所说，因为对于大多数学生来说，这种背书太浪费时间了！而今天的孩子不仅仅学习语文学科，还有很多学科等着他们去学习。

从我教语文以来，不管谁要求我的学生参加什么背诵经典比赛，我都坚决拒绝，语文书上即使有很多课文背诵任务，我也从未强求学生去背诵，我都是把理解、大量阅读童书、每天写点东西放在第一位，想尽办法通过潜移默化的方式，让文本融入孩子内心，这是我的教学追求。在家里，我从来不要求女儿背诵任何东西，我要求女儿把一遍遍重复来重复去的背诵时间，放在大量阅读整本书上，放在理解上，放在我们之间的讨论上，放在用写作来理解文本上。实践证明，我的做法，没有影响学生的成绩，更没有影响女儿对事业的追求。

回忆自己的学习生活，我最怕的事就是背诵。小学时，我因为许多东西背不上来，常常挨班主任的打。我不是因为笨而背不出来，而是因为放学回家打打闹闹、摸鱼抓虾、薅草喂猪，早把背诵任务忘到九霄云外了。到了初中，也许童子之"背功"没有养成，语文老师让我背诵古文，那么长的古诗文我背不下来。有一次语文老师检查背诵，内容是《卖炭翁》，我站了起来，一字不说。语文老师提示："卖炭翁，伐薪烧炭南山中。"我跟着说了一遍，结果又不说话了。语文老师再次提示："半匹红绡一丈绫，系向牛头充炭直。"我立即跟着说了一遍——我哪

知道这是最后一句。此时，语文老师愤怒了，他把语文书扔了过来，把我打得满地找牙，并且大叫："世界上，还没有比你再懒的家伙！"

王财贵先生的做法和我的做法，也许都是极端的个案。非常巧合，我国大陆的课程标准要求九年时间学生背诵240段（篇），台湾九年里不要求学生背诵任何段（篇），这也是两大极端！哪个更利于学生的终身成长？假如你有两个孩子，一个背诵这些经典，另一个读几千本书，只要实验二三十年，就会有结论。

另外，大家都说背诵好，应该重视背诵，让人产生从众心理。我工作以来，听过几千节公开课了，但很少听老师在课堂上指导学生背诵，名优特教师的示范课也没有。好多课文有明确的背诵任务，他们为什么在课堂上不指导学生背诵呢？即使是古诗教学，他们也没有在课堂上设立背诵的教学目标。这又作何解释呢？难道背诵不能放在公开的场合去引导吗？

山东有一所学校，非常重视经典诵读，该校校长邀请我去讲座，向我介绍了他的成就。当我给他们全体家长讲完"与孩子共读共书"之后，该校长变了！因为我介绍了两三千本世界儿童文学名著，这些经典在等待着孩子去阅读，如果整天缠绵于那几部经典之中，儿童还有时间阅读更多的东西吗？那几部经典怎么可能包打天下？儿童该读什么样的经典？儿童应该读经典童书。而那些童书，不需要背诵，只需要一本接着一本往下读就行了。而阅读这些经典需要时间，把死记硬背那些语段的时间还给整本书阅读，才是真正的受益终生。

13　莫让孩子死记硬背，13岁之后背一背《孟子》

关于背诵的价值，古今中外无数专家学者有过精辟的论述。有专家称："在语言的学习过程中，背诵的力量不可估量。在理解基础上的背诵，可以从根本上改变目前许多学生阅读分析能力、表达能力不强，难为无米之炊，说起话来、作起文章来相当困难的问题。但可惜的是，现在很少有人珍视背诵的价值。语文是思想的修为，是文笔的磨炼，博闻强记是一切的根基。在语文教学中必须强调背诵，学生背诵了大量的古今中外的名篇佳作，再能加以融会贯通地运用，日积月累，一定会妙语连珠，妙笔生花！"俄国文豪列夫·托尔斯泰曾经说过："背诵是记忆力的体操。"董必武在一封信中教导他的女儿说："语言每课至少读十遍，有些课文要背诵。"马克思、恩格斯、列宁都精通许多种外语，马克思还能背诵许多歌德和海涅的诗歌，而中国古代早就有"熟读唐诗三百首，不会作诗也会吟"的说法。所以，大人们普遍认为在儿童这个记忆的黄金时段，让孩子们去大量地背诵，天经地义！面对如此多的背诵的好处，舍不得放弃背诵，也很正常。所以在我国有一种怪事，可谓司空见惯，那就是多少家长启蒙教育的内容是选择背诵古诗词。就这样，现行的基础教育，语文、英语、历史、地理、数学、物理、化学等学科都爱上了背诵！你背我背大家背，各门学科一起背，背出了高分，背出了名次，背出了不亦乐乎！那背诵，到底有没有灾难性的一面？

关于背诵的问题，也有研究者把识写字较早重视背诵的日本孩子和7岁前不识字的欧洲国家的孩子进行过对比，发现后者人口中人均诺贝尔奖得主比前者多很多。这是不是与过早识写字、背诵有关？研究者认

为,过早死记硬背的教育,虽然可使孩子头几年在学业上领先于人,但日后更易厌学,学习成绩反而会慢慢落后于那些晚开始的孩子,而在创新能力、合作能力方面,差异会更大!

权衡利弊,小学阶段取消背诵,不会影响一个民族、一个国家的未来。而取消背诵之要求,并非取消对语言文字的理解、记忆、运用等,背诵之目的也就是为了记在脑子里,为了以后的运用,而达到这一目的,方法肯定很多。

我研究了近现代多位名家的童年,还发现一个现象,大部分的名家在童年期间,特别是0~12岁,没有去背诵"四书五经",而是在13岁那年起,开始背诵《孟子》。对于这件事,我不理解,于是请教了复旦大学一位非常著名的古文教育研究专家。他说这些名家的童年是真正的幸福,接受的背诵训练是科学的,因为"四书五经"中《孟子》在"四书"中篇幅最长部头最重,理论纯粹宏博,文章也极雄健优美,行文气势磅礴,感悟充沛,雄辩滔滔,背这一部足矣。取法乎上,得其中;取法乎中,得其下;取法乎下,得其下下。《论语》属上之作,《孟子》是"拟圣而作",很多论述是超载型创造当属上上之作。13岁开始背诵,孩子也容易理解,而这部书的确对于一个人的终身发展有帮助。童年的时间是有限的,在有限里的时间,还是让学生多读多写,不要死记硬背。如果硬要背,就要背上上之作,切不可什么经典都拿来背。

在孩子读小学阶段,取消背诵不是因噎废食!在孩子读小学阶段,

13　莫让孩子死记硬背，13岁之后背一背《孟子》

取消背诵不是取消诵读！在孩子读小学阶段，取消背诵不是取消理解与记忆！在孩子读小学阶段，取消背诵不是放弃大量的经典阅读！……

在小学阶段，不让孩子死记硬背，也许没有几个大人能接受这一观点。事实上，这一阶段的孩子记忆力普遍较好，很多内容不需要专门死记硬背，读上几遍就能记住。虽然考试中有对课文内容的考查，但父母也不必因为这个而让孩子专注于背诵课本。其实，小学阶段的分数真的没有那么重要，小学阶段让孩子爱上多读多写，才是最最重要的。

与孩子共读共书

14
多读多书的科学根据（一）
——17岁之前多读，速读能力可养成

让孩子多读多书，有科学根据吗？有！有很多呢！

我走进师范学校，才开始多读，到现在为止，有30多年了。算下来，我一共读完了三四千本书，不算多，主要原因是读书慢。30多年的训练了，速度还是老样子，一页纸要看一分多钟，一目十行根本做不到，两三百页的书，三五天才能看完。有一年，我买了潘新和教授的《语文：表现与存在》，上下两册，1400多页，我每天用两个小时只能读100页，15天才看完。读书速度如此之慢，让我非常苦恼，却怎么

14　多读多书的科学根据（一）

练都练不好。

我的女儿比我读书快。200 页的书，她三四十分钟就可以看完。我找出与内容有关的一些问题与她讨论，她说得头头是道，看来不是囫囵吞枣。我问她为什么读书那么快？她跟我开玩笑，说我老了，眼睛转得没有她快。我觉得有道理。有一天，下面几段文字，更让我豁然开朗。

1879 年，法国巴黎大学生理学专家耶瓦尔教授发现了人读书时，眼睛不是平衡地移动，也不是转动，而是在跳动，跳动的频率越快，读书的速度就越快；跳动的频率越慢，读书的速度也就越慢。他还测出了眼球一次快速短暂的跳动时间大约需要 0.022 秒。

他在长期的研究中还发现，人到 17 岁时眼睛才发育成熟。人的眼睛一旦发育成熟，眼球跳动频率固定时，眼睛跳动的频率也就固定了，这时眼睛一下子感知的信息量之多少也基本固定，也就是说阅读速度也相对固定了。而 17 岁之前，人的生命活力是相当强的，只有尽可能多地进行多读整本书的科学训练，眼球跳动频率固定时，眼睛感知的信息量才能多，阅读速度才能快。

如果 17 岁之前，大多数学生只是反复阅读课本、做题，眼球固定时眼睛感知的信息量肯定不可能多。如果一个人，在 17 岁之前，总是用眼睛重复感知已知的东西，因为没有新鲜感，会让眼睛跳动速度减弱，这自然会影响人快速阅读能力的形成。

我观察过身边的许多成人看书，很多人与我一样，读书速度非常慢。从耶瓦尔教授的研究成果可以发现，这种慢与 0～17 岁没有接受大量阅读有关。因此,我的女儿读书速度比我快,其实与她17岁之前读了很多书有关。钱锺书读了几十万卷书,读书速度非常之快,不是一目十行,而是一目一页,看来从耶瓦尔教授的研究成果中找到了原因。17岁之前,中小学生接受大量的整本书阅读训练,看来是非常科学的事。

我与许多人读书慢,不是我们的错,因为那个时代,学校没有书,家里没有书,我们读小学时只有语文、数学、自然三本书,初中也就多了地理、历史、物理、化学、英语等几本课本。当下,没有图书馆的中小学,不多!很多家庭,只要想给孩子买书,买上千余本,也不会有什么压力。这是我国上下五千年前所未有的时代。这代孩子真是幸福!未来的孩子肯定更不愁!

但是,我们也不得不承认,我们的中小学生还没有真正地走进图书馆,许多父母宁可让学生进各类补习班,也不愿意把他们带进图书馆。因为我是语文特级教师,很多父母试图让我给他们的孩子补习,我是百分百地拒绝。我重复地劝他们,把请家教的钱变成书,与孩子一起读起来,这样做胜过所有的补习。

让孩子多读,训练他们的阅读速度,最主要的需要父母去改变。有一本图画书叫《一本没有人打开的书》,只有26页。文字非常简单:

这里有一本书,

14　多读多书的科学根据（一）

一本没有人打开过的书。谁也不知道书里写了什么。

哗啦啦，一阵风吹来，把书翻开了。

兔子不知从哪里"腾、腾、腾"地跳过来。它跳到书上，又急急忙忙地跳走了。

风把书翻过去一页。

野鸡"扑棱棱"飞过来。它在书上蹦了两下，又飞走了。

风又把书翻过去一页。

老虎大摇大摆地走来。它不经意地在书上踩了一脚，走过去了。

哗啦啦，风又把书翻过去一页。

野猪"呼哧呼哧"跑过来。它"哼哧哼哧"地闻了闻书，无所谓地跑走了。

风又把书翻过去一页。

熊摇摇摆摆地撅着屁股走过来。它在书上坐了一下，也摇摇摆摆地离开了。

风又把书翻过去一页。

一颗橡果"咕噜咕噜"滚到书上。松鼠"嗖"地蹿过来，拿走了橡果。

呼——

风把书合上了。这里有一本书，一本没有翻完的书。谁也不知道书的结尾是什么。

一个女孩到树林里玩,发现了这本书。咦,她看书的时候在做什么呢?

妈妈来喊她。她放下书跟妈妈走了。

女孩走了以后,小动物们一齐聚拢到书旁。它们打开书,看着看着都笑了。

树林里有一本书,书里有我。

这是一本非常特别的图画书。书中的"风",把书一页一页地翻好,但小动物们没有一个去读书的。当小女孩出场后,她看了起来,边看边跳,小动物们居然一起快乐地读了。我国中小学生为什么连多读都还达不到?这本书告诉了我们原因,那就是我们很多很多大人(校长、老师、父母、爷爷奶奶、外公外婆等)就像书中的"风",只是要求小孩子看书而自己不看书,如果大人们都像小女孩一样每天看着书,孩子们肯定都会聚到书前,读起来的。

有很多成人认为,小学生读书没有必要读那么多,读几十本经典的书就行了。阅读速度对于他们不重要,重要的是读一本书懂一本,有着

14　多读多书的科学根据（一）

真正的收获，走马观花、囫囵吞枣，对孩子的学习习惯养成不利。这个观点，不一定科学。多年的教育教学经验让我明白，儿童阅读重在训练速度，让他们多读起来，不在读懂上。晋代陶渊明在《五柳先生传》中有这样几句："闲静少言，不慕荣利。好读书，不求甚解；每有会意，便欣然忘食。"告诉人们，很多阅读只领会全文大意就行了，不要在字句上过分追究。童年时整本书阅读，"不求甚解"式的才是科学的，而这种阅读不是走马观花，更不是囫囵吞枣。读多了，才有更多的会其意，而一个人大面积的会其意的出现，不可能在只读几本、几十本书之后立即产生，会在千万本持续的阅读思考之中井喷式出现。

17岁之前的大量读书，就是训练阅读速度的。速度有了，才能与更多的智者拥抱。速度养成了，大学里就能读更多的书，工作后就能继续与书为友。不读，阅读速度一定是慢的。慢了，人很容易感觉到书无趣；慢了，亿万图书中的智慧，就不属于你们的儿女。今天孩子慢了，当然是与我们成人没有给孩子创造多读的机会有关。这是科学，不是假设。

与孩子共读共书

15
多读多书的科学根据（二）
——多读才能让你的孩子真正富有

我才不让我的儿女多读书呢，读那么多书有什么用？我没有上几天学，那么多的博士、硕士不是照样在我的公司里给我打工吗？

我初中毕业就工作了，现在手中有一大把一大把的钱，我有别墅，我有宝马、奔驰，我的那些上高中、上大学的同学有好多不如我过得好。多读书真的没有多少用！

爸妈辛辛苦苦赚钱，为了我能考上大学。我读了不少书，考上了大学，大学毕业了，却找不到如意的工作，我真的不愿意啃老，但又不得

15 多读多书的科学根据(二)

不啃。读书,真的没有什么用!

儿子,多读点书,同意;女儿,差不多就行,读书再好,不如嫁得好!

……

读书无用论像幽灵一般,时不时地飞入寻常百姓家。读书无用论,不是当下的发明创造,自从人类有了书,特别有了某种竞争,读书无用论就出现了。可以说,只要有人在,只要社会还有竞争,这种论述不会结束。读书到底有没有用?这本来就不是一个问题。

父母自从知道小生命已经在孕育时,就有了许多思考。孩子出生前,他们都希望自己的孩子健康,女儿漂亮,男生帅气,千万千万不要出现这样那样的问题;孩子出生后,他们看着小生命,希望小宝宝赶紧吃,赶紧听懂父母所说,赶紧说话,赶紧走路,一旦听不到、说不了、走不成,没有一位父母不心痛的;孩子上了幼儿园,他们都希望孩子在班级里表现最好,学东西最快;孩子上了小学,他们都希望孩子语文、数学、英语都考满分;孩子上了初中,他们都希望孩子成绩好,考个好高中;孩子上了高中,他们都希望孩子考个名校。一直到高考分数下来,父母的那颗心才落地,希望才会被现实取代;很快,孩子读了大学,找对象,结婚了,一个个希望又重新来了。

看看这个希望链,是不是所有父母都有一种相似的经历?孩子不能穷,一定要富!只有孩子成长中出现了问题,比如身体方面等,父母才会立即改变,说自己对孩子没有其他要求,只要健康、只要活着就行。

当孩子一旦健康了,很多大人会立即修改初心。

父母期盼自家的孩子健康、富有,没有错,是非常正确的期盼。在孩子成长的过程中,什么能让更多的人真富起来,长富起来?

1979 年,被誉为改变美国历史的一本书——《朗读手册》出版了,这本书的作者是美国的阅读专家吉姆·崔利斯,他在书中介绍了一个阅读定律:

①你读得越多,你就知道得越多;

②你知道得越多,你就越聪明;

③你越聪明,你在学校学习的时间就越长;

④你学习的时间越长,你获得的文凭就越多、越高;

⑤你获得的文凭越多、越高,你工作的时间就越长;

⑥你工作的时间越长,你的收入就越多。

我把这个定律称为傻瓜定律。这个绕来绕去的定律,1979年才出版,其实我们中国人早就发现了:

励学篇

[宋] 赵恒

富家不用买良田,书中自有千钟粟。

安居不用架高楼,书中自有黄金屋。

娶妻莫恨无良媒,书中自有颜如玉。

出门莫恨无人随,书中车马多如簇。

男儿欲遂平生志,五经勤向窗前读。

宋真宗赵恒(968—1022)是宋太宗第三子。景德元年(1004),契丹人所建之辽国入侵北宋,宰相寇准力排众议,劝帝亲征,双方会战于距首都汴京三百里之外的澶渊,宋战胜辽,但真宗惧于辽的声势,不顾寇准的反对,以每年进贡辽大量金银为"岁币"于澶渊定盟和解,历史上称为"澶渊之盟"。真宗在位二十五年,在历史上被称为"守成之主",但他确实又使北宋进入经济繁荣期。《励学篇》是这位封建社

会皇帝写下的一首诗,被一些人认为是拜金主义的一首诗。如果与吉姆·崔利斯的阅读定律比一比,这首诗没有什么错可言,算不上拜金主义。宋真宗为什么写这首诗?因为当时很多年轻人浮躁,不愿意读书,而这首诗的确让之后的许多人爱上了阅读,不管怎么说,都是了不起的创造,比《朗读手册》中的这一定律,要早900余年。

当然,吉姆·崔利斯的这一阅读定律非常有价值,比赵恒的《励学篇》更有操作性。多读书,能够让人的一生始终在工作、在奉献,用孔子的话说,就是"乐以忘忧,不知老之将至"。有人将日本、美国、新加坡、德国的退休老人与中国做对比,发现中国的退休老人最休闲,跳跳广场舞,带带儿孙,认为自己真的老了,不读书不看报,非常早地享受所谓的天伦之乐,而日本、美国、新加坡等国家的退休老人(他们普遍比我国退休晚),非常忙碌,还要打零工赚一份钱,每天读读书报,每年集中一段时间外出看世界,因为他们认为自己不老。

进入2017年,有一则报道说世界八大富豪之总财富相当于全球一半人的财富。比尔·盖茨750亿美元(美国著名企业家、投资者、软件工程师、慈善家。他与保罗·艾伦一起创建了微软公司,曾任微软董事长、首席执行官和首席软件设计师),阿曼西奥·奥尔特加·高纳670亿美元(西班牙服装业巨擘),沃伦·爱德华·巴菲特610亿美元(美国投资者、企业家及慈善家,巴菲特是伯克希尔·哈撒韦公司的最大股东、董事长及首席执行官),卡洛斯·斯利姆·埃卢500亿美元(黎巴嫩裔墨西哥商人,墨西哥电信的最大股东,亦是墨西哥美洲电信的首席

15 多读多书的科学根据（二）

执行官，并持有墨西哥卡尔索集团，商业网络遍及世界各地），杰夫·贝佐斯450亿美元（美国互联网巨头亚马逊公司创始人及现任董事长兼首席执行官，华盛顿邮报大股东之一），马克·艾略特·扎克伯格450亿美元（美国社交网站Facebook的创始人、董事长兼首席执行官），拉里·埃里森440亿美元（甲骨文公司的创始人和首席执行官），迈克尔·布隆伯格400亿美元（布隆伯格新闻公司创始人，2001年至2013年间担任纽约市市长）。

在羡慕他们财富的时候，不妨到百度中搜索他们一下，研究研究他们，这八大富豪，哪位不爱读书？哪位创办的公司不用大量的读书人？哪位因为自己那么有钱，数代人吃不完，而彻底放弃让自己的儿孙后代不读书、少读书的？

> 多读书，能让绝大多数人的人生富有，并且是长久的富有。当然，不排除个别读书多的人，仍然穷着。但是，我们不能因为一个反例的存在，而把所有的真理推翻。我们一定要记住，要想让自己的家庭持续性"富有"，就要扎扎实实地读书，持续地读书。

16
多读多书的科学根据（三）
——让孩子学得更灵活

世界上最早关于狼孩的故事是罗马历史学家提图斯·李维描述罗马建城的传说。

埃涅阿斯的后代在阿尔巴·龙加城统治了300多年后，到了第15代国王努米托尔在位时，变故发生了：国王的兄弟阿穆留斯篡夺了王位。

阿穆留斯生性残暴，野心勃勃，因为害怕哥哥的后代报复，他杀死了侄子，并强迫侄女西尔维娅去做不许结婚的女祭司。他以为这样一

16　多读多书的科学根据（三）

来，他的哥哥就不会有后代，他的政权也就稳定了。但是西尔维娅违背了他的禁令，她与战神玛尔斯相爱并悄悄生下了一对双胞胎。

听到这个消息，阿穆留斯又惊又怒，他下令处死侄女，并让奴隶将双胞胎扔到台伯河去，以防止他们长大后复仇。

河水把装着双胞胎的篮子冲到岸边，孩子的哭声吸引了正在河边喝水的一只母狼，它奔到孩子们身边，不仅没有伤害他们，反而慈爱地舔干双胞胎的身体，把他们带回山洞，用自己的奶喂养他们。

不久，一位牧羊人发现了这对孩子，把他们带回家中抚养，给他们分别起了名字，哥哥叫罗慕路斯，弟弟叫勒莫斯。

兄弟俩从小苦练武艺，慢慢长成了两个健壮勇敢的青年。同时，在他们的身边逐渐聚集起一群牧人、流浪者和逃亡的奴隶。

一次偶然的机会，弟弟勒莫斯遇到了外公，知道了自己的身世。他和哥哥决定为自己的母亲和舅父报仇，除掉阴险狡诈的阿穆留斯。这时，由于阿穆留斯的统治残暴，大家对他早已恨之入骨。

罗慕路斯两兄弟同心协力揭竿起义，起义军的队伍日益壮大，暴君阿穆留斯终于得到了应有的惩罚。

报完仇后，兄弟俩却出人意料地把政权交还给了自己的外公，而他们决定带领自己的人马建立一座新的城市。新城市的地点就是他们出生时即遭抛弃的地方——帕拉丁山丘。在决定由谁来做城市的主宰时，神谕告诉他们要由看到的预示成功的飞鸟来决定。

勒莫斯站在阿文廷山上看到了6只秃鹫，罗慕路斯站在帕拉丁山上

看到了12只秃鹫。后者的数字更幸运，但勒莫斯是最先看到征兆的人，结果兄弟间发生了争吵，罗慕路斯最终杀死勒莫斯，成为新城的国王。他在犁上套上一对雪白的公牛和母牛，围着他选定的城址——帕拉丁山丘走了一圈，划出深深的犁沟。

这道曲线便确定了城墙的位置，被围起的地方称为"顺城圣区"，城墙被视为神圣之物。新城建成之后，罗慕路斯顺理成章地用自己的名字将它命名为"罗马"。

这只是一个传说，但从中可以看到是狼喂养了双胞胎，但时间很短。据有关资料显示，被狼等动物抚育的孩子有不少。至20世纪50年代末，已知有30个小孩是在野地里长大的，其中20个为猛兽所抚育：5个由熊、1个由豹、14个由狼哺育，在狼哺育的幼童中，最著名的是印度发现的两个。

1920年，在印度加尔各答东北的一个名叫米德纳波尔的小城，人们常见到有一种"神秘的生物"出没于附近森林，往往是一到晚上，就有两个用四肢走路的"像人的怪物"尾随在三只大狼后面。

后来人们打死了大狼，在狼窝里终于发现这两个"怪物"，原来是两个小女孩，其中大的七八岁，小的约两岁。

这两个小女孩被送到米德纳波尔的孤儿院去抚养，还有了自己的名字，大的叫卡玛拉，小的叫阿玛拉。到了第二年，阿玛拉死了，而卡玛拉一直活到1929年。这就是曾经轰动一时的"狼孩"一事。

狼孩刚被发现时，生活习性与狼一样：用四肢行走；白天睡觉，晚

16 多读多书的科学根据（三）

上出来活动，怕火、光；只知道饿了找吃的，吃饱了就睡；不吃素食而要吃肉（不用手拿，放在地上用牙齿撕开吃）；不会讲话，每到午夜后像狼似的引颈长嚎。

卡玛拉经过7年的教育，才掌握了45个词，勉强地学几句话，开始朝人的生活习性迈进。她死时估计已有16岁左右，但其智力只相当三四岁的孩子。

这一事例说明，从出生到上小学以前这个年龄阶段，对人的身心发展极为重要。因为这个阶段是人脑发育的关键期，发音系统逐渐形成比较稳定的神经通路，错过这个关键期，会给人的心理发展带来无法挽回的损失。因此，长期脱离人类社会环境的幼童，就不会产生人所具有的脑的功能，也不可能产生与语言相联系的抽象思维和人的意识。

成人如果由于某种原因长期离开人类社会后又重新返回，则不会出现上述情况。有两本儿童文学名著，一定要让孩子读，一本是《鲁滨孙漂流记》（这本书还拍成了电影），另一本是《蓝色的海豚岛》，这两本书就可以证明成人长期离开人类社会重新返回时，不会出现狼孩的现象。这就从正反两个方面证明了人类社会

环境对婴幼儿身心发展所起的决定性作用。

狼孩,回到人间,仍如狼。那是因为,母狼在孩子面前重复做了很多次母狼做的事;熊孩、豹孩,回到人间,肯定如熊、豹,因为母熊、母豹在孩子面前重复做了熊、豹做的事。

亲爱的读者,如果你们已经有了下一代,你还记得你的孩子出生多少天后开始冒出"爸爸、妈妈"的音吗?你们知道孩子听大人说了多少遍的"爸爸、妈妈"后才冒出这两个词的吗?绝大多数的父母没有这种记录,当然说不出。

20世纪末,美国密歇根州大学社会研究院公布了一个研究成果,这个研究团队经过20年对千余例0～17岁孩子的研究,有了一个重大发现。

他们研究的项目是"一个词需要重复多少遍,才能准确、灵活使用;一个词需要重复多少遍,才能终身灵活、创造性使用"。

研究成果是:重复3000遍能准确、灵活使用,重复15000遍才能终身灵活、创造性使用。

他们让父母亲从孩子出生第一天起,把对孩子说的话,都一一记录

16 多读多书的科学根据（三）

下来。正是这些数据，让他们有了上述的研究成果。也就是说，父母等人在孩子面前，平均每天重复五六十遍，达到 15000 次，孩子才能说出"爸爸、妈妈"。

重复，科学的重复，才能让一个个孩子、一代代人传承着人类伟大的智慧。而对于读书来说，科学的重复绝对不是机械的听写、默写、背诵，大量阅读整本书、用文字去写作、爱上写作，才是真正的科学重复之路。有人会说，孩子一两岁时大人的很多重复，算不算机械？不算，因为一两岁孩子接受的所有重复，都有一定的情境，是一种没有既定目的的情境。而听写与默写、背诵，目的性太强，情境却严重缺失。这不是说听写、默写不需要，但听、默之后的重复式惩罚，没有多少价值。

美国人的这一研究，是科学的。其实，我国早在唐朝时就有了这一发现。被誉为"诗圣"的杜甫，在诗篇《奉赠韦左丞丈二十二韵》中写下了千古名句："读书破万卷，下笔如有神。"我读中学时，语文老师说"万卷"是很多卷的意思，是虚指。当我读到美国公布的这一研究成果时，我算了一下万卷书。古时候，一卷书是 3 万多字，一万卷书，就是 3 亿字，如果按照 60 年算，平均每天要读 15000 字左右，我国汉字有七八万个，古人所用的字肯定超万个（不是今天所说的常用字 2500 个），读完万卷书，每个字重复才能达到 15000 遍，写出来的文章才会有神。后来，又出现了"读万卷书，行万里路"的说法及活到老、读到老、写到老的勉励之语。这不是空话，与 20 世纪末美国人的研究是一致的。想让自己的孩子终身拥有创造力，多读多写多思多做，

肯定不可少。

请父母们相信这一科学，让孩子真正地读起来，写起来。

人类永远离不开科学重复，多读多写多思多做，就是科学的重复。所谓："书读百遍，其意自见。"这是对的，但这种重复，很多人不愿意做，特别是小孩子，大人们如果一味地逼着他们就某篇文章、某本书去重复百遍，可能适得其反！一本书接着一本书地读，一篇文章接着一篇文章地写，与孩子一起读，一起写，一起思考、研究，儿童肯定不会厌倦。

17 多读多书的科学根据（四）

——坚持一年多读，孩子的大脑才能开窍

1984年，《亲爱的汉修先生》获得了纽伯瑞儿童文学金奖，这是一部奇书，一部能够真正让孩子爱上阅读、写作的书，是美国中小学生必读书。这本书的作者叫贝芙莉·克莱瑞。很多读者不知道她童年的事。

13岁之前的贝芙莉·克莱瑞有严重的阅读障碍，很多文章、书能读下来，但问她有

关问题,哪怕是非常简单的问题,她都回答不上来。

她的妈妈做过图书馆管理员,也是小学教师。为了防止女儿孤独,她把积蓄全部拿出,在社区办了一个图书馆,免费让社区孩子使用。每天放学、周末、假期,贝芙莉·克莱瑞就与社区的小朋友在那儿读书。

小朋友们读书,与成人不一样。他们一会儿静,一会儿动,常常就某一问题进行大声讨论。因为贝芙莉·克莱瑞有严重阅读障碍,所说答案都是错误的,所以经常引起大家发笑,这个图书馆里每天都会笑声不断,这样的声音持续了一年。

有一天,贝芙莉·克莱瑞在图书馆里到处翻找图书,管理员问她找什么书,贝芙莉·克莱瑞说找写身边人笑的书。图书馆管理员非常高兴,立即告诉她的妈妈,说贝芙莉·克莱瑞知道了这一年所读的书不是写身边人笑的。图书馆管理员还告诉贝芙莉·克莱瑞,图书馆真的没有,但如果她写,图书馆不就有了吗?

贝芙莉·克莱瑞的妈妈随即鼓励女儿,告诉女儿这样写:一是写身边的事,二是写有趣的事,三是写好玩的事,四是所写的文章、书籍要能够让读者笑起来。贝芙莉·克莱瑞按照这个标准写了起来,一生写了很多很多的书,获得了很多大奖,很多书被拍成电影、电视剧。

我做小学语文老师好多年了,原来的我与许多语文老师一样,所教的班级中总有几个学生不会做阅读理解题,一个都不会,他们的答案读出来都是笑话,你都无法想象这些答案是怎么想出来的。对于这些学生,过去的我与许多老师一样——束手无策!这些孩子的父母在不知所

17　多读多书的科学根据（四）

措的时候，只能求助补习班，结果是钱花了，孩子还是老样子。就这样，老师与孩子父母共同认为这类孩子是天生的笨（虽然没当着孩子面说，但心照不宣），不是学习的料。很多老师、家长没有贝芙莉·克莱瑞母亲的智慧，也没有寻找到这一智慧。不是孩子笨，不是孩子没有开窍，而是我们许多成人不知道如何让孩子开窍。因为后来，我读到了下面的研究成果：

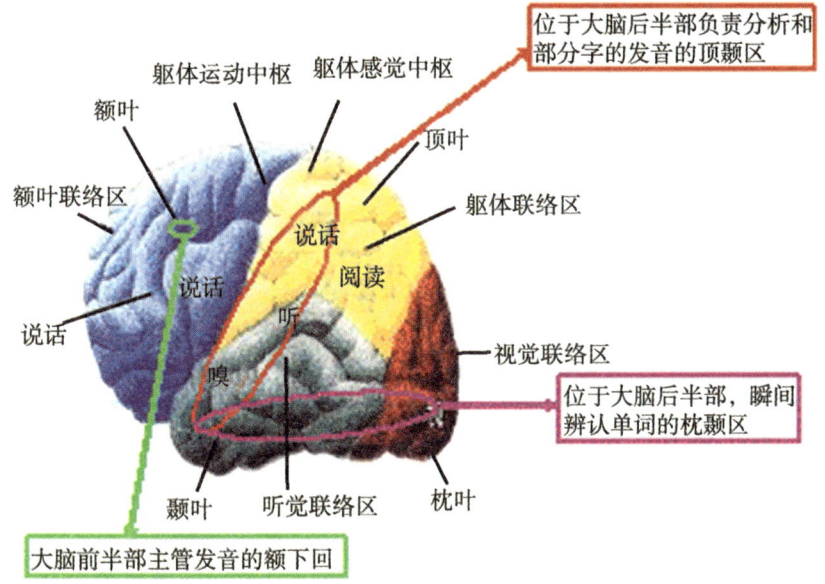

美国神经系统科学家谢维茨等人在2003年的研究中发现，阅读障碍是大脑中语言系统缺陷导致的。他们发现阅读是一项复杂的大脑活动，而大脑中掌握阅读的区域主要有三个：一是位于大脑前半部主管发音的额下回或布若卡区；二是位于大脑后半部负责分析和部分字的发音的顶颞区；三是位于大脑后半部，能瞬间辨认单词的枕颞区，负责综合处理所有与词汇和发音相关的信息。而阅读障碍者和正常的读者在脑的

活动区域上有着相当大的区别,阅读障碍的读者大脑额叶是过度活跃,却很少用到大脑后半部,即他们不善于用顶颞区后侧和枕颞区,却试图更多地运用大脑两侧的布若卡区。英国伦敦皇家的学院迈克尔·路特研究发现18%~22%的男生有阅读障碍,8%~13%的女生有阅读障碍。谢维茨等人发现,存在阅读障碍的学生经常学习如何阅读(依据某方法做题),然而这项任务非常漫长而又困难。而谢维茨等人在研究中又发现,这些学生只需要一年专业阅读引领就能改变。

实验是怎样的?谢维茨等人为二、三年级有阅读障碍的学生提供了每日50分钟的单独辅导,指导他们辨认字母与字母结合所代表的发音,让这些孩子接触各种风格和体裁的文章、童书,包括新闻、杂志、小说和网页,老师与他们一起大声朗读,并引导他们边读边想边说。这种由经过特训又具有资格的教师提供的明确而直率的辅导是在正常课堂阅读指导之外单独增加的。8个月后,受辅导的学生明显在阅读的流畅性上取得了很大的进步。大脑扫描显示:之前没有活动的顶颞皮层左侧和枕颞区经特训后都有了新的活动。辅导一年后,学生已经可以不用任何额外的辅导就能准确流畅地进行阅读。脑功能核磁共振扫描他们左脑的三大区域显示,他们已经能像普通人那样正常活动,而相应对照组的学生的阅读能力没有明显的进步。

一天20分钟阅读,1年可以阅读180万个词汇;一天1个小时阅读,1年可以阅读540万词汇。研究表明,世界上有10-20%的中小学生有阅读障碍,25%的成人有阅读障碍。不管是成人还是学生,每天只

17 多读多书的科学根据（四）

要读 50~60 分钟的书，1 年就能改变。不要停止，读下去，写下去，阅读障碍就会彻底与你说再见。

贝芙莉·克莱瑞母亲的做法，与谢维茨脑科学的实践研究，答案是一致的。多年的教育教学让我发现，大凡非常重视阅读的家庭，特别是重视早期阅读的家庭，孩子们往往没有阅读障碍，因为大脑的三个区域早被唤醒。孩子有阅读障碍，是因为孩子的父母没有重视早期阅读。

大量阅读，能让人慢慢懂得，慢慢正确，并且让人懂得越来越多！一个有阅读障碍的孩子，想改变他们，目前只有此法是科学的。

如果你想细致了解如何克服阅读障碍，请读美国萨莉·施威茨著《聪明的笨小孩：如何帮助孩子克服阅读障碍》（北京师范大学出版社 2019 年 3 月版），书中的诸多建议，你相信中真正实践了，你们一家就更加快乐、幸福了！

坚持一年，每天用 50 分钟来读书，一个有阅读障碍的孩子，变了！这是脑科学研究的成果。请读者们一定要相信，这绝不是忽悠人的伪科学。当你的孩子，或者你朋友的孩子，真的有阅读障碍时，你千万别急，告诉你的朋友别急，不要病急乱投医。要买够孩子一年看的书，尽可能多买一些，一起与孩子读起来，一天都不能少，要有耐心，不要因为读的过程中孩子出现错误而打骂他们。这样坚持一年，一定要坚持一年，奇迹就会发生。当然，一年的阅读之后，不能只停留在阅读上，一定要让孩子写起来，因为读写一起来，大脑才能更灵活，障碍才能真正解除。

18

多读多书的科学根据（五）
——读得越多，写得越好

这些年，高考结束，试卷批完不久，接二连三的满分作文就出现在有关媒体上，同时也有零分作文。著名的高考满分作文有《站在黄花岗陵园的门口》《首阳义士》《赤兔之死》等。众所周知，《赤兔之死》是2001年高考南京十三中理科班学生蒋昕捷的满分作文，这篇考场作文现在在网上还可搜到。虽然这篇文章有硬伤（研究《三国演义》几十年的史友仁说，关羽败走麦城，是在建安二十四年，即公元219年，而不是《赤兔之死》一文中的"建安二十六年，公元221年"。另外，

18 多读多书的科学根据（五）

"吕布结袁绍而斩其婚使"应为"吕布结袁术而斩其婚使"。这两处是文章的硬伤。针对文章最后一句："后孙权传旨，将关羽父子并赤兔马厚葬"，史友仁说，据史书记载，孙权杀关羽后，派人到洛阳，将关羽的首级送给曹操，企图嫁祸于曹，被曹识破。曹操以帝王礼节厚葬关羽首级于关林。在这一点上，文章内容虽悖史书，却更能突出关羽诚信忠义的感召力，堪称文章的神来之笔），但在那么短的时间写出这样的作品，说明作者确实有众生不具的才能。

这篇文章已成为历史，当时记者采访蒋昕捷及其父母、老师的一些话，却发人深省。蒋昕捷说："其实古人早就说过'读书破万卷，下笔如有神'，最重要的是平时的积累，要博览群书，尤其是中外名著，光靠课本上的几篇文章远远不够。另外'留心处处皆学问'，比如高考前一天的晚上，我还看电视访谈节目，正好是专家在评论一部电影，用到'物犹如此，人何以堪？'的句子，我立即记在心里，结果就在高考作文中用到了。还有像'鸟随鸾凤飞腾远，人伴贤良品质高'的句子都是从评书中听来的。"而父母、老师也都说他读书多，很灵活。

我研究过近百篇满分作文，发现100%的满分作文出自爱读书、读很多书的学生之手。而我至今也没有发现，哪位读书少的高三学生作文能得满分的。

美国科罗拉多州奥罗拉市中洲教育与学习研究中心的高级顾问魏姬·厄克特在其著作《教会学生写作》中写道："'读得越多，写得越好！'这种说法是正确的。"

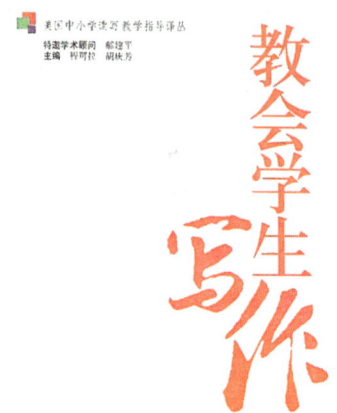

多年的教育教学中,的确有很多老师、父母说孩子读了很多书,但作文还是写得不好。其实,魏姬·厄克特还告诉读者,一个人,读了那么多,为什么还是不会写,或者写不好呢?原因非常简单,因为他们读得还不够多。也就是说,接着读,说不定再读百余本,孩子就能从中悟出写作之道。

当然,读了那么多,还不会写,还有一个重要的原因,那就是只是多读,却没有在读的过程中写一写、说一说、议一议、辩一辩。如果在每天固定的阅读过程中,能写几句话,讨论一下,争辩争辩,写就不会是多么困难的事了!

世界著名语言学家、阅读教育理论研究者、阅读推广人斯蒂芬·克拉生在其著作《阅读的力量》中告诉我们:"写作能力是从阅读中培养的。更精确地说,从阅读中,我们学会写作风格这种独特的写作语言。但人们一般的想法是写作能力是从实际写作过程中培养的,这是错误的说法。"曾有一个实验结论告诉我们为何不能从写作过程中学写作:"如果你每天写一页的东西,你的写作风格或是驾驭文字的能力并不会

18　多读多书的科学根据（五）

进步。"

由于我国绝大多数中小学在大量阅读方面没有实质性广泛推进，许多父母、老师也不爱读书，更不知道学生害怕写作是由没有真正意义的大量阅读导致的。而大量阅读整本书，儿童对写作的理解就不一样了，对写作的恐惧感也会随之降低。

比如让孩子读《图书馆老鼠》《味儿》《阅读树》《如果》《第一次提问》等图画书，他们对写作一定会有别样的认识，一定能感受到写书很好玩。《图书馆老鼠》告诉孩子："我是作家"，即人人都是作家，人人都能写书，都能写自传；人人都会想象，都能写想象的书；用纸张装订成一个本子，一页一页地写，一本书就可以完成了；人一生不能只写一本书，有很多话题可以写成很多书。《味儿》告诉孩子，坚持天天看世界，天天写世界，文章就会越来越有味。《阅读树》告诉孩子，因为在树上读书，树成了阅读树，而死掉的树造成了纸，纸可以写故事，可以变成书。《如果》告诉孩子，连续用"如果"造若干个句子，每个句子画幅图就可以做成书。《第一次提问》由30个没有答案的问题组成，带着孩子读这本书，然后思考屈原用173个问题创作的《天问》，孩子一定会大悟，然后也会用若干个问题，每个问题画幅图，去创作出自己的那本书……孩子早早地阅读这些图画书，从写书的角度引领孩子

写起来，才是真正的写作教育引领。可以这么说，如果从写作角度去思考每本童书，本本都能唤你们的孩子写起来。

所以，从高考角度来看，要想让孩子的作文拿到理想的分数，离不开高考前十七八年的超大量的读书。

读得越多，写得越好。这是一个不用怀疑、非常科学的理论。这些年，很多人慢不下来了，做什么事都很急迫。他们总觉得自己的孩子读完某本书，立即会成为写作高手，但事与愿违，这样的书即使有，也无法让只读此书却没有读很多很多书的人，产生本质性的变化。不要急，一口一口地吃，每天坚持吃，科学地吃，才能成长为健康的人，你们的孩子才会有自己的作品问世。

19

多读多书的科学根据（六）

——陪着孩子多读，分数会高，能力会超过普通人

分数是教育教学中躲不过的一个名词，不管哪个国家，在人的成长过程中，都难以彻底与"分数"一词说再见。

分数高，是所有人的愿望。学生想，父母想，老师想，整个社会都希望所有的人考到高分。

不管你们有多少愿望，世界上任何一个班级，哪怕是尖子班，分数都有高低之别，这个事实永远存在。

分数，分数，分数！

究竟怎样对待分数？女儿小学六年，我没有关注过她的分数，我只看重她是否爱读爱写爱玩。六年里她考得怎么样，真的不怎么样。那时候，她所读的学校每个班里有都100多个孩子，是个超级大班，她的成绩在班级排名最多是中等。我清楚地记得，数学、语文她考过七八十分。但我没有让她上任何补习班，我觉得没有这个必要。

初中、高中，不需要我关注分数，她自己都会重视起来的。这六年，我还是像往常一样，没有过问，但我知道她重视，因为每一次考试分数出来，她都会告诉我。她的成绩在班级排名不高，班级倒数第一也有过，班级前十四五名有过，但没有考过前十名。然而，她的全校排名大致是往上走的，580名、545名、460名、180名、80名……高三第一学期末，她参加自主招生考试，初试、面试、实践测试都通过了，高考分数出来，她进入一所"211"学校，本博连读。六年中学生活，她没有因为考不好去上补习班。高中三年，她每天下午5：30放学到家，从未上过晚自习，周末、假期也没有补过课。而到了本科、博士阶段，女儿比高中更努力了。

我是老师，我肯定不会放弃女儿的分数，但我与许多父母不一样，我没有刻意重视，只是不断地鼓励她，往前走，在每一阶段学习之后的测试中要看清楚自己，自己首先要满意。我告诉女儿，没有必要在中学阶段做领头羊，因为人生不是这几年的第一及前十名决定的，是不断地读书，不停止思考，到大学、工作后仍然没有放弃学习所决定的。

女儿在基础教育阶段，一直坚持多读书，一直坚持着思考并写点小东西。虽然她的高考分数不够上十大名校,但我们都很满意,因为她后来继续读书,博士毕业后还进了博士后流动站,还想到国外深造几年,足以让我们满意了。女儿不是非常聪明的孩子,她取得的这些分数,真的不是靠多做题得来的,虽然离不开那些题,但与多读、多写、多说、多思肯定是更为相关。

女儿2008年参加高考,没有参加过PISA测试(对接近完成基础教育的15岁学生进行评估,测试学生们能否掌握参与社会所需要的知识与技能。PISA测试的重点是看学生全面参与社会的知识和技能,对学生阅读、数学和科学能力的考查并不限于书本知识,还包括成年人生活中需要的知识和技能)。2000年,全世界第一次举行PISA测试,我国香港、台湾参加了这次测试(以后三年一次的这一测试,香港、台湾全部参与),我国内地最早参加测试的是上海学生(在2009年第四次国际学生评估项目测试中取得阅读数学科学素养第一的佳绩,引发外界关注)。

第一次PISA测试举行之后,PISA研发专家安德烈亚斯·施莱歇尔觉得,家庭环境对学生成绩肯定有极大的影响。他想更深入了解研究被测试者的家庭如何对教育产生影响,因此他试图让所有参与PISA测试的国家进行对考生父母的调查,一直到2009年他才成功说服13个国家和地区。2009年,也就是第四次测试,世界上有5000位考生父母参加测试,测试结果让人惊叹。

一是经研究发现,这些孩子在小的时候,父母每天或几乎每天都陪着孩子阅读,等到15岁时,孩子的阅读能力普遍要高出同龄人,无论在哪个国家都是如此。

二是在新西兰和德国,在小学时有家长定期陪伴阅读的学生,要比那些没有家长陪伴阅读的学生,在学习进度上领先至少一年半左右。

三是当孩子年幼时,如果父母每周或每天能读书给孩子听,所培养出来的孩子长到15岁时,其PISA得分普遍比同龄孩子要高出25分左右。

四是在相同的经济情况下,陪孩子阅读的父母所培育出的孩子在PISA上的得分往往高出大约14分。

五是在经合组织成员国,来自家庭社会经济背景更优越(收入最顶端的七分之一)的学生成绩,比普通家庭的学生阅读平均成绩高38分;而在新西兰、法国、富裕与贫困学生之间的成绩差距高达50分。

PISA测试的这一研究成果让人震撼。孩子分数考不好,有很多原因。父母没有坚持陪着孩子读书,肯定是非常重要的原因之一。当孩子考不好,很多父母常常怪东怪西,但我说,当孩子出现问题时,请千万别忙着怪罪孩子,首先应该想一想大人错在哪里。很多父母愿意花钱请老师辅

19　多读多书的科学根据（六）

导孩子，希望以此提高成绩，却不愿意花钱买更多的书，并直接陪孩子读书。为什么呢？肯定有父母说自己文化程度不高。陪着孩子读书与文化程度高不高并不完全相关，关键是你们是否愿意并坚持陪着孩子读十来年书。

日本教育家七田真在《0岁教育秘密》中说："阅读能力是学习的基础。若对孩子本来所具备的能力放任不管，则其能力就无法被开发出来，这样的孩子非常可怜，而双亲也犯下很大错误。"

多读多写，分数就高，是真的！但很多人不相信，他们普遍认为分数低是孩子智商的问题，是没有遇到好老师或在女子学校读书的问题。孩子不需要父母一生陪伴，他们只需要父母陪十来年。他们会因为你们陪读十来年，而终身感恩你们。陪读少或不陪，等他们长大了，回忆自己的童年，这片阴云肯定难以散去。

20
整本书阅读人人能用的方法（一）
——坚持大声朗读整本书给孩子听

2004年4月，我在《中国教育报》发表一篇《每天20分钟为学生大声读书》的随笔，旧文如下：

"为学生大声读书吧！"这是个老的、相当简单的、任何一个语文老师都能使用的教学方法。这一教学方法不需要任何培训，只要语文老师拿起书走进课堂，每天找上一二十分钟大声读就行了。每天坚持，一年就能读完二十多本书，小学六年读完一百本书不成问题，如果初中、高中的语文老师也能这样，十二年时间，学生仅仅靠听就能"读"到

200多本书。

我读过苏霍姆林斯基、陶行知、叶圣陶、斯霞、李镇西的事迹，他们十分得意的事情往往就是为学生大声读过整本书，而学生对老师记忆犹新的也多是那本书，影响深远的事也少不了老师在班级中大声朗读。从这些教育家的案例中，我们应该能够感受到这一方法是可行的。

教师在全班同学面前大声读，天天读，学生不会厌烦，因为他们只要坐着、听着就行了，只要跟着老师的声音走就行了，其余的事基本不要做。学生欣赏那本书的一切，学生欣赏老师的声音，学生欣赏老师的表情，学生欣赏老师的坚持，还有哪种阅读指导的力量能够超越老师的大声朗读？

老师的大声朗读是为学生读，其实也是为自己读。许多老师说自己没有时间阅读，所以工作几十年却没有认真看上几本书。使用这一方法，老师的精神世界一定会变得相当富有。

学生不读书是不行的，十二年的学生生涯，没有百千书垫底，也是不行的。作为老师，在执教生涯中不与学生一起读、一起成长，同样是不行的。

我开始实践了，我读《窗边的小豆豆》，读《红岩》，读《钢铁是怎样炼成的》，读《爱的教育》……虽然挤占了原来的语文教学时间，但学生的语文成绩根本没有下降，四年级的学生一篇日记写上六七百字，没有任何烦恼。当我走进课堂，他们大声喊着"高老师！您接着读！"这不就是快乐语文吗？有这种热情，对母语的爱能减少吗？

与孩子共读共书

我实践着这种简单的阅读，同时也没有停止思考。除了写好每天的读后随笔，我还想到这是解决西部贫困地区学生阅读问题的最好方法。所以，我有了为西部贫困地区学校建立"百本书图书室"的建议。可以说，贫困学校只要拥有一百本好书，老师就采取这种大声读的方法，九年义务教育阶段同样能够解决课外阅读的问题。

一百本书的图书室，建立起来并不困难。但让这一百本书能够以大声阅读的方式走进学生的心中，走进自己的心中，却是需要坚持、坚持、再坚持的勇气！这更是拥有数万本图书的学校应该具有的勇气。

我是从2004年春天开始大声读书给学生听的，到2016年底，12年间，我为学生大声朗读有了下面的简单记录：

（1）2004年春天至2005年6月，我为四至五年级的一个班学生大声读过《窗边的小豆豆》《时代广场的蟋蟀》《贝多芬传》《1+1=0》等。这批学生2009年6月初三毕业，虽然我们当时书读得不系统，但这个班的学生初中三年里常常到我办公室聊天，聊我当时读给他们听的书。

（2）2005年9月至2006年1月，学校安排我带一年级三个班的读写课，我还是其中一个班的副班主任。我给学生读带拼音的《安徒生童话》《格林童话》及一些图画书，一节课读完一本，一学期读了20余本书。怎样为刚刚入学的学生上读写课？我没有经验，但我知道孩子都爱听故事。没想到三个班的学生如此安静地听我读，还与我互动。一节课根本不需要那种传统方式的组织教学，学生居然也没有举起小手提出上厕所等要求。而我作为副主任的那个班,孩子们听到的故事更多,要比其他班多一百多个图画书故事。很遗憾,当时只教了他们一个学期,因为有一位老师生小孩,我被调去教三年级的一个班。不教他们时,他们只要遇到我,就会抱着我的腿,让我读故事给他们听。

(3) 2006年2月至6月,我带三年级一个班的语文课。那个学期,我只给他们读一本书,德国文学大师埃里希·凯斯特纳的书——《飞翔的教室》。没想到,这一阅读让我与该班全体同学成为好友。虽然只教了他们半个学期,但一直到六年级(该班2009年毕业),该班多名学生到我这里借书读,因为我的办公室里有很多童书。2008年2月,我带五年级三个班的劳动与技术课,又带了这个班,三个班中只有这个班的学生不让我上这门课,硬让我读书。因为一周只有一节课,这一学期,我就把《佐贺的超级阿嬷》大声读完了。

(4) 2006年9月至2008年3月,我在三年级二班开始进行"每年阅读50本书"的实验(该班2010年毕业):

三年级上学期,我读了《木偶奇遇记》《傻瓜城的故事》《妈妈走了》《人人都叫我捣蛋鬼》《鼹鼠原野的伙伴们》,共40余万字。

三年级下学期,我读了《捣蛋鬼日记》《比比扬奇遇记》《吹牛大王历险记》《夏洛的网》《一百条裙子》,共40余万字。

四年级上学期,我读了《亲爱的汉修先生》《我家有个小麻烦》《香草女巫》《爱心企鹅》《出走的泰奥》,共45万字。

四年级下学期,我读了《浪漫鼠德佩罗》(因为当时五年级二班的

语文老师生病,我被调去该班教语文课,该实验停止)。

(5) 2008年4月至6月,我给五年级二班学生读了20本图画书,有《光屁股的大犀牛》《一片叶子落下来》《亲爱的汉修先生》等。

(6) 2008年9月至2009年1月,我给三年级一班学生读《亲爱的汉修先生》《爱心企鹅》《5月35日》及其他10本图画书,共13本书;我给三年级二班学生读《亲爱的汉修先生》《幸运的棒棒糖》《棒棒糖小姐》《傻瓜城的故事》,还有16本图画书;我给三年级三班学生读《亲爱的汉修先生》《喜乐与我》及其他6本图画书;我给四年级三班学生读《亲爱的汉修先生》《蓝色的海豚岛》,还有8本图画书。因为这一年教四个班,我采取每班读不一样的书的方式,目的是让自己也多读几本。这也是我大声朗读整本书实验以来读书最多的一个学期。

(7) 2009年2月至6月,我教五年级二班,给学生读《亲爱的汉修先生》《芬兰童话故事》《世界童话之树》及《不一样的手》《森林之城》《云端之上》《想高飞的猫》等桥梁书,还有《钢琴小精灵》……

(8) 2009年9月至2010年6月,我教三年级的三个班,两个学期为每班读《亲爱的汉修先生》等20本书以上。

(9) 2010年9月至2011年6月,我教三、四年级读写课,为每个班读的书不一样,共读完《亲爱的汉修先生》等多类型童书80多本。

(10) 2011年9月,我教四年级二班,带了3年。我最爱这个班,读书也最系统。三年间,我大声读完160本图画书、80本桥梁书、10

本较厚的如《亲爱的汉修先生》等童书。

（11）2014年9月至2015年6月，我教四年级五班；2015年9月至2016年6月，我到千灯镇中心小学轮岗教三年级三班。这两年，我为学生读完100多本图画书、80本桥梁书。

（12）2016年9月起，我教六年级二班，因为这个班实在问题很多，一篇日记就可以看出现状，所以我又从《亲爱的汉修先生》开始读，然后读《永不变老的日记》……

简单罗列这一过程，不是为了炫耀自己。在每次给学生阅读的过程中，我都有一种内疚感，因为我没有大声读过整本书给我的女儿听。而我越读越感觉这是一种非常简单的方法，而且在大声朗读的过程中，我还有了新发现。请看下面两幅图片：

这两幅图片传递了怎样的信息？如果你们生的是女儿，大声读书给孩子听，需要父亲多做；如果你们生的是儿子，则需要母亲多做。因为这样的阅读才是最美的阅读，是最具有创造性的阅读。这样朗读有什么好处？李大钊说过，男孩子柔一点，女孩子刚一点，这个民族才最具创造力。父母刚柔之声的朗读，对于孩子良好的刚柔性格养成作用重大！刚柔并济的性格，也是最具财富性的性格。

当下,还有很多家庭重男轻女。作为父亲,如果轻视自己的女儿,实在是不当的事。我常常说,这样的父亲本身就是不合格的、不称职的。女儿是你的,你读书给她听,她长大了,你老了,到那时,再回想自己给女儿读书的画面,就会知道女儿的优秀,家就有了更丰富的色彩。

这些年,每个省市都特别重视高考状元,媒体也喜欢追捧这件事。众所周知,高考状元,男生少女生多。有人认为考题不适合男孩子,其实这是不当的。现在的家庭里孩子不多,特别是独生子女的家庭,特别是生女儿的家庭,父母比以前任何一个时代都重视孩子读书了,反而有男孩子的家庭淡化了孩子的读书,宠爱、溺爱男孩子遍地皆是。高考状元男生少,其实与父母过分溺爱、宠爱相关,体现在读书上,特别是小学阶段的读书上,现在很多女生的课外阅读量远远超过一些男生。

最近几年给家长培训,谈及这一问题,有不少家长问:"从什么时候开始,到什么时候结束?"你怀孕了,就可以开始,这叫胎教。我建议大家一定要读美国爱丽丝·奥兹玛著的《为爱朗读:爸爸与我3218天的读书约定》(广西师范大学出版社,2018年8月版),他们父女俩相约大声朗读给对方听共3218天,到女儿18岁呢!

20　整本书阅读人人能用的方法（一）

你们是从哪年开始读整本书给孩子听的？读了哪些？请做好记录。孩子有读书给他们听的父母，是孩子最幸福的事。这种幸福，是记忆终生的。别以这样那样的理由，拒绝大声读书给孩子听。大声读书给孩子听，用普通话读，行；用家乡话读，行！哪怕字读错了，也不怕；关键是读起来，在你们的家庭里能听到父母读书给孩子听的声音。这种声音的美，超过任何一首世界名曲。日本儿童文学作家松居直说："童书不是写给孩子自己看的书，是写给大人与孩子一起读的书。"这个读，当然包括大声朗读。

21
整本书阅读人人能用的方法（二）
——与作家比智慧

大声读书给孩子听，每天一二十分钟就可以了。当孩子愿意自己翻书看了，就让他们一页一页翻着看。

一页一页翻着看，也算方法？是的，是方法。

21　整本书阅读人人能用的方法（二）

这个方法，即使很小的孩子都会。1944 年，美国埃莉诺·埃斯特写的《小淘气鲁夫》获得了纽伯瑞儿童文学银奖。鲁夫这个小淘气，在不认识字的时候，看到乔一、茜薇在看书，他突然也想看书。他说："看书好像很容易嘛！不就是一页一页地翻过去吗？谁不会啊？"这是人人都会用的最简单的读书方法，一字一字、一句一句、一页一页翻着看就行了。关键是坚持！我女儿童年时候读书，她从书柜上取下一本，我就告诉她一页一页往下读，读完一本再读第二本，读一本书如同做一道题、做一件事、吃一个东西，做完一个、吃完一个，再去做第二个、吃第二个。

在阅读过程中，不管是大人读给孩子听，还是孩子自己读，请不要一气读完，在读到某个地方时，不妨停下来思考一下，想一想后面会写什么——与作家比一比智慧，这是非常好玩的。猜对了，说明你非常厉害；猜错了，没有关系，将自己的想法与作家放在一起比较思考，就可以看出读者与作家的不同。这种猜，对自己的写作会有很大的帮助。

有一本绘本叫《蛤蟆爷爷的秘诀》。讲的是一天散步时，蛤蟆爷爷告诉小孙子："我们的世界里到处都是饥饿的敌人。"小孙子问爷爷怎么保护自己。爷爷讲了面对小的敌人要勇敢，有的敌人较大那就要机

庆子·凯萨兹 著　马爱新 译

蛤蟆爷爷的秘诀

智。当爷爷要讲第三个秘诀时,来了一个超级大的敌人。读到这里,停下来,问孩子:"第三条秘诀是什么?"

孩子肯定会说:"跑!"我给数万名家长读过这个故事,几乎100%的家长也认为是"跑!"。

接着往下读,小蛤蟆看到这个超级敌人真的逃走了,而爷爷却害怕了,因为那个超级敌人已经把爷爷抓住,准备做成蛤蟆三明治吃了。而

21　整本书阅读人人能用的方法（二）

小蛤蟆躲在灌木丛中，吓得浑身发抖。但他想起了爷爷的秘诀：勇敢、机智！对，勇敢，机智！他看到红红的野莓，突然灵机一动……

此时的"灵机一动"是什么内容，可以不让孩子去说，因为这没有必要。立即读下去，因为孩子想立即知道爷爷是怎么得救的。蛤蟆爷爷最终被孙子救了下来，那个超级敌人逃走了。

蛤蟆爷爷非常高兴，与小孙子拥抱起来。蛤蟆爷爷说："小孙子，我还没给你讲我的第三条秘诀呢。"第三条秘诀是什么？答案真的不能立即说出来，前面孩子说过"跑"，其实只对了一半（两只蛤蟆，只能跑一个）。到底第三条秘诀是什么？面对小蛤蟆所做的，让孩子猜（家长们也可以与孩子一起猜），大多数人猜不出，因为从小蛤蟆救爷爷的前段故事，真的找不到一个新词来说明第三条秘诀。然后最终出示答案："在紧要关头，一定要有一个靠得住的朋友。"所有读者恍然大悟，因为绝大多数的读者想不到爷爷与小蛤蟆是朋友，因为他们是爷孙关系！

如此比拼，读者大败！什么是阅读的力量？这就是一股非常神奇的力量。读这样的书，这样去思索，人一定会越来越聪明。

再比如《阅读树》这一绘本。当读到"一个夏夜，一场恐怖的暴风雨突然袭来，一道闪电击中了这棵阅读树，它还

是笔直地站立着,但它的枝干几乎全都变成了黑色的",可以问问孩子:接下来作家会怎么写?

孩子可能会说:"这个树死了,家里人肯定把这棵树砍掉,重新栽一棵。"

孩子也可能说:"那个小男孩很难过,肯定会缠着妈妈要那棵阅读树。"

……

接着读。"妈妈说:'我真怕我们的树会死掉。'我哭了起来。妈妈在我耳边悄悄告诉了我她想要做的事情。我擦干了眼泪,点了点头,同意了。"读完这一段,千万不要忙着往下读,因为这本书在培养孩子的独特思考力方面特别好。而这儿,也能展示出作家的创作智慧。问孩子:"到底这个妈妈说了什么话,想做什么事?"

我已经多次在公开课上教此书,目前没有一个人想到的答案与作家一样。世界一流作家的水准,由此处可以看出。

在孩子说出很多答案后,再读:"妈妈把树枝砍了下来,我们用邻居南先生的机器把树枝磨成了粉末,然后往里面加了一点儿河水。我们把树枝和水的混合物放到太阳底下晒着。妈妈让我耐心地等待。几天以后,这些东西变成了一些漂亮的白纸。"

此时,所有的读者一下子如作家一样大声说道:"他的妈妈将让孩子在白纸上画画、写故事。"接着往下读,那么"人人天生会写故事,人人天生会写书"的大智慧自然呈现在所有读者面前。

21 整本书阅读人人能用的方法（二）

停下来，说一说，比一比，作家当然很棒，而读者虽然多次想错了，没有关系，就是因为想得不一样，孩子们才会越来越棒！

一本读完读第二本，第二本读完读第三本，阅读过程中一定要与作家比智慧，猜一猜，结果能立即得到检验，好玩！简单的方法，不用可惜；坚持用，大智增。一气读完，不给自己喘息的机会，这样的读书就太急了，太累了。虽然读书要速度，但喘口气，想一想，再接着读，既不影响速度，收获更丰。

与孩子共读共书

22
整本书阅读人人能用的方法（三）
——读书是欠债，写作是还债

我国首位获得国家科学奖的大数学家吴文俊教授，回忆他的恩师陈省身教授怎么教他时，有这样一个故事：

1946年7月，上海。吴文俊拜陈省身教授为师。陈教授把吴文俊带到图书馆就不闻不问了。1947年6月的一天，陈省身教授突然来找吴文俊，见面说的第一句话是："你应该还债了！"

吴文俊说："我又没有欠人家的钱，还什么债？"

"你读了一年人家的书，就是欠了人家的债！"陈教授说。

22　整本书阅读人人能用的方法（三）

"怎么还债？"

"按照书中正确的说法做下去，能发现记录书中存在的问题，通过思考解决书中没有解决的部分难题，能够通过研究写一些自己的东西出来，就这样还债。"陈教授说。

从那开始，吴文俊开始了不断地"欠债还债"，即便到了九十高龄，也没有停止过。他也是世界上读书最多、写书最多的大数学家之一。

出国留学的非物质性准备

zhuxiaoman yu zhuxiaodi
kuayang duihua
——chuguo liuxue yu jiaoyu liren

朱小蔓与朱小棣
跨洋对话
——出国留学与教育"立人"

朱小蔓　朱小棣　著

南京师范大学出版社
NANJING NORMAL UNIVERSITY PRESS

这个故事告诉世人:"读书是欠债,欠债就要还债,而按照书中的正确说法去做,或者写出自己的东西来,就是还债。"

2014年,南京师范大学出版《朱小蔓与朱小棣跨洋对话——出国留学与教育"立人"》。朱小蔓教授问她的弟弟朱小棣:"美国中小学生整体创造性远远超越我们,为什么?"朱小棣说:"美国中小学培养学生的创造性有很多办法,首先是美国非常注重阅读和写作,而阅读和写作是很能培养创造性的。读书以后通常要写读后感,仅读后感的写作,美国老师就让孩子用很多种模式写。比如,一种是想象自己就是作者,写一封信给朋友,介绍这本书;一种以书中主角的口吻来写几篇日记,通过日记反映出书中的主要内容;还有一种是假设你组织了一个活动,请作者来参加,你作为主持人,向听众介绍作者和他的书等等,非常灵活。"

只读不写,肯定不行。因为读与写就像硬币、钞票的两面,不可缺少。读后怎么写,写什么呢?其实很简单。我曾经写过一首小诗:

一棵树远不止是一棵树

有的人,读了一棵树,写了一句又一句话;

有的人,读了一棵树,写了一首又一首诗;

有的人,读了一棵树,创作了一篇又一篇寓言;

有的人,读了一棵树,写了一封又一封信;

有的人,读了一棵树,创作出一本又一本书。

因为在他们的眼里,一棵树远不止是一棵树!

22　整本书阅读人人能用的方法（三）

很多人，读了一棵又一棵树，一个字都没写。

因为在他们的眼里，一棵树只是一棵树！

把其中的"一棵树"变成"一座山、一个凳子、一只动物"等，能写下很多东西；把"一棵树"变成"爸爸、妈妈"等不同的人，也能写下很多文字；把"一棵树"变成"一本本书"，同样可以写很多很多东西。

（1）读一本本书，还一句句话、一段段话。比如：

《凯蒂的幸福时光》是一部美得出奇的小说，基调悲伤，却又能给人以希望。——凯特琳·德卢西（美国西蒙·舒斯特青少年图书部编辑）

住在地板下的这家小人是我们"熟悉的陌生人"，他们和我们那样不同却又那样相像，尤其两位孩子的心居然息息相通，这让我们读得兴味盎然。——刘绪源（著名儿童文学评论家、学者）

墨西哥作家卡洛斯·富恩特斯看完《一千零一夜》写了一句话：往昔的故事，由现时讲述，旨在拯救未来。

任何一篇文章、任何一本书都可以用一句话、一段话来概括。比如《西游记》不就是"唐僧带着徒弟到西天取经"嘛，把这句话可以变化成《西游记》里的人物有情有义、有血有肉。孙悟空疾恶如仇，英勇无畏；猪八戒好吃懒做，纯朴憨厚；沙和尚任劳任怨，忠心不二；唐僧信念坚定，勇敢善良。我特别喜欢看《西游记》"，就成为一段话式读后感。孩子读书了，就告诉他们可以这样还债，作家、出版人可以这么

与孩子共读共书

做，他们也行。而读一篇文章、一本书，写一句话、一段话是非常简单的，人人都能做到的。孩子不会拒绝这种简单，也没有孩子永远会喜欢这种简单。

（2）读一本本书，还一首首诗。在儿童诗歌中，有一类诗，是作家读完一个故事、一本本书后写下的。这些诗非常简单，把文章、书的主要内容概括成几行字，中间穿插着作家的想法，就可以了！比如意大利诗人贾里·罗大里写的《睡美人》。这首诗肯定是读了童话《睡美人》写下的，不信请看：

童话在哪里？/每个家里有一个。/在桌子的木头里，/在杯子里，/在玫瑰里。/童话躲在里面，/很久了，不说话。/她是一个睡美人，/需要将她唤醒。/如果没有一个王子，/或者一个诗人把它亲吻，/有个孩子将会/白白等待她的童话。

再比如，美国著名作家希尔·谢尔弗斯坦读完《木偶奇遇记》写下的一首诗：

匹诺曹，匹诺曹，/木头刻成的小木偶，/每当他撒个谎，/就会又长出一寸鼻头。

匹诺曹，匹诺曹，/觉得生活这么无聊，/直到那一天的大清早，/他碰上那披红斗篷的狐狸，/还有那只该死的猫。

它们大叫："来吧，匹诺曹，/让我们给人们带来欢笑，/从廷巴克图直到东京都，/你会在木偶绳子上又唱又跳。"

匹诺曹，匹诺曹，/被卖给巡回马戏团，/被坏脾气的人装进笼

22　整本书阅读人人能用的方法（三）

子，/被人用棍子戳个没完。

匹诺曹，匹诺曹，/他从笼子里面逃走，/他逃到孩子们玩耍的地方，/他们骂人，打架，还把烟抽。

匹诺曹，匹诺曹，/他醒来发现自己长了驴子耳朵，/他哭得像个孩子，/木头的心也伤透。

匹诺曹跑回了家，/用他最快的速度，/却发现爸爸去了海上，/他也马上向海边出发。

匹诺曹，匹诺曹，/他和爸爸被鲸鱼吞掉，/浑身湿透，/也许很快就要死掉。

匹诺曹，匹诺曹，/他在鱼肚子里点起火把，/那鲸鱼打个大喷嚏，/在烟雾中把他们喷走啦。

匹诺曹，匹诺曹，/他醒来在第二天清早，/他的木偶线不见了，/驴耳朵也飞走了，/鼻子恢复了正常大小，/身体健康，不是木头，这可真奇妙。

他大声说道："哦，当个真正的男孩我很骄傲，/现在一切都是那么美好！"

把《木偶奇遇记》读完，让孩子再读这首诗，孩子很可能会说："这样的诗，我也会写。""孩子是天生的诗人"，孩子诗性的语言非常多，孩子读完一本书后产生诗性的语言同样非常多。把这些语言变成诗，不难！因为简单好玩，"读一本本书，写一首首诗"，孩子一定会喜欢，但这样的诗写多了也会腻味的，这就自然过渡到读一本书还一篇

文章。

（3）读一本本书，还一封封信（一篇篇文章）。在日本，从小学四年级开始，每学习一篇课文都要写读后感，或给文中人物、作者、教师写信，或模仿着课文中的人物、作者等给自己回信。我们的孩子读书，同样可以给书中的人物写信。这是非常好玩的。比如有个孩子读完了《西游记》，给猪八戒写了一封信。

肥肥猪八戒：

你好！

我是一个小学生，叫杨赛男。

趁着今天上作文课，给你写一封信。你去看望你那美丽的新娘了吗？她可能生了个小八戒哟！

你可知道我们穿的是什么样的衣服吗？那可不是像你那样，把大肚皮露在外面的衣服呀。我们这里只有那些身材苗条的美女们才露一点点平坦的肚皮，那才叫漂亮呢，而且衣服颜色明艳，式样繁多，好看极了！嘻嘻，羡慕我们吧。

你和你的那些神仙师兄弟们不是能呼风唤雨、腾云驾雾吗？今天，我们凡人也做到了。只要哪里久旱不雨，我们就可以冲着那里的天空放几炮，雨滴很快就哗啦啦地下起来了，根本就不用去请龙王爷来帮忙。哎，你不是一直惦记着嫦娥姐姐吗？我们人类也已飞到月亮上面去看过了，发现那里除了一些环形山以外，连嫦娥姐姐的影子都没有。是不是那里的生存环境太差了，嫦娥姐姐又搬回到人间来居住了呢？你可得去

22　整本书阅读人人能用的方法（三）

打听打听。

这下，你可能要问了：你们是怎样飞上天去的呢？这是我们人类爱动脑子、勤奋向上的结果。这不，我国自行研制的"神舟六号"宇宙飞船成功发射升空，载着费俊龙、聂海胜叔叔在太空遨游了115小时32分，太空之旅达325万公里呢。怎么样？你那本领最大的孙悟空师兄，一个跟头也就十万八千里，照这么算，他得翻多少跟头呀？看来，你得认我们这些凡人为师父了哟！你看，我们人类的科技多发达呀。

猪八戒，我真希望你能改掉好吃懒做的毛病，穿过时空，到我们现实生活中来，让我们来教你怎样腾云驾雾，成为本领更大的"神仙"吧。

盼望你尽早来到人间和我们一起快乐地玩耍。

祝你一天比一天帅气。

一个喜欢你的小学生：杨赛男
2006年5月16日

（4）读一本本书，还一本本书。这是最高水平的"还债"。很多人读过《木偶奇遇记》，但大多人没有读过阿·托尔斯泰的《金钥匙》。把这两本书放在一起读，你会发现《金钥匙》就是对《木偶奇遇记》的改写。阿·托尔斯泰说自己太喜欢《木偶奇遇记》了。这本书改得非常有意思，除人物的名字、故事的结尾不一样外，整体内容大体相似。每位学生都有自己喜欢的书，选择一本自己喜欢的书，寒暑假中玩一玩这种游戏，也是一种幸福的经历。我给学生读《亲爱的汉修先

生》，就有学生模仿将这本书改写成《亲爱的高子阳先生》。当然，读一本书，读整个世界，最高的还债境界是写一本本原创的书。

欠债还债，天经地义。读完书，写点东西，理所当然。告诉孩子，写作不难，写作就是踩着你刚刚读完那本书的肩膀，往远方看一看。站得那么高，看得那么远，听得那么多，怎么可能写不出来？有巨人托着你，非常安全，摔不下来；不写好，巨人不会把你放下，这才是人生的最不安全。写完后，巨人肯定会放下你，因为你也成了巨人。

23 图画书（绘本）的阅读智慧

一、为孩子大声朗读图画书。

日本著名绘本专家松居直在《图画书的快乐》中说："图画书是通过优美的语言和图画表现出来的，这些语言和图画只有成为朗读者自己的感受后再读给孩子听，才能被接受。当朗读者把图画书所表现的最好的语言用自己的声音、用自己的感受来讲述时，这种快乐、喜悦和美感才会淋漓尽致地发挥出来，图画书的体验才会永远地留在聆听者的一生当中。"

美国教育心理学家杰洛姆·布鲁纳告诉老师这样引导学生读故事：一开始，教师得先为儿童读故事，慢慢地，用比较戏剧化的方式，来呈现整个作品。在儿童还没有能力完全自我阅读之前，教师协助儿童了解故事，帮助他们逐渐成为一位真正的读者。

图画书阅读，一点都不难，投入感情，投入时间，出声读给孩子听就行了。当然，在读的过程中，也可以用动作、神态等辅助语言来"演"故事，用生动、夸张的手法来呈现故事。

例如，《我永远爱你》讲述的是小熊阿力不小心打碎了妈妈最心爱的碗，而不知道妈妈会有什么样的反应。于是，他跑去找妈妈，做了一场"爱的测试"。妈妈表现得近乎完美，她不厌其烦地保证"我永远爱你"，同时又不忘补充，"不过你要对自己的行为负责"。其实，在生活中，我们每个人都是图画书中的阿力，都有过阿力的担忧。当我们用真情朗读《我永远爱你》时，孩子肯定会被感动，泪珠闪烁肯定会出现。

二、让孩子全身心参与到故事中。

图画书不仅仅在讲述一个故事,同时也是在帮助孩子提升观察力、思考力、预测力,丰富他们的想象力,升华他们的精神境界。简明的文字与细腻浪漫的图画能让孩子的想象力与创造力得以自由驰骋。所以,在图画书的阅读过程中,要重视孩子读图能力与预测、想象能力的培养。有些图画书是靠重复的情节与句型来连接画面,构成旋复式的结构,在阅读时可以让孩子参与到推演故事情节的过程中来,引导孩子猜想情节,让故事在孩子的充分想象中完成衔接。

例如,《逃家小兔》中就是用同一"如果你变成……我就变成……"的简单句式将故事读下去。父母可以利用图画书中一次又一次的变化,让孩子参与其中:"如果你是兔妈妈,你会怎么变,让小兔回家呢?"在孩子饶有兴趣的猜测中,来推进故事的情节,让孩子体会妈妈那浓浓的爱,激发孩子阅读的兴趣,从而使孩子爱上阅读。

当然,不同的图画书,可以寻找到不同的猜读点。有时就从封面开始,有时就从一幅意想不到的图开始,有时可以从一句话开始;即使读到最后,也可以猜:假如会有第二本,接下来的故事会怎样?

三、少问多论,让孩子说起来。

读图画书一定要少问孩子问题,问多了,孩子会觉得自己不是读书

的，是来回答父母问题的。书读完，可以与孩子来个小讨论，让孩子多说。

比如山姆·麦克布雷尼的经典绘本《猜猜我有多爱你》，是一个充满了爱的故事，通过大兔子和小兔子的对话揭示了"爱是需要表达的"这样一个道理。大兔子的语言一直和小兔子一样，相同的话出自不同的人物，展示了大兔子的一片童心，同时构成了文本语言的节奏美。读完《猜猜我有多爱你》之后，与孩子讨论一下：为什么这本书只有两只兔子呢？一家人，按理讲最少得三人呀？看看孩子怎么说。

四、让图画书中的哲学味渗入你孩子的心灵。

图画书的价值和魅力在于：它没有一句教条语言，却能满足孩子的成长需要；没有一丝说理，却能启发孩子的深入思考；没有一点儿喧闹，却能激起孩子的会心大笑。在图画书阅读过程中，"让孩子像个孩子"吧。正如美国诗人惠特曼的一首诗中所说："有一个孩子每天向前走去/他看见最初的东西/他就变成那东西/那东西就变成了他的一部分……"通过阅读图画书，儿童不断进行着情感的体验，凭借着阅读，情感得到了提高和升华。在孩子的世界里，轻松愉快的阅读会埋下影响终生的良好情感。而这一切正是图画书藏着的哲学，属于孩子的哲学。

例如，在《我爸爸》《我妈妈》《猜猜我有多爱你》《我永远爱你》《逃家小兔》的阅读中，孩子可以充分感受到父母的爱，让孩子更有爱；在《我有友情要出租》的阅读中，孩子会明白友情就在身边；在《可爱的鼠小弟》二十余本书的阅读中，孩子会在趣味中会心地笑起来……当阅读把快乐带给儿童时，就把无可估量的巨大精神财富带给了他们，就为他们建造起了自由的精神空间与心灵家园。儿童在与图画书进行心灵对话中，在闪烁着人性光辉、充满大自然和谐与童真童趣的字里行间徜徉时，必定会开阔眼界，丰富内心，升华境界，健全人格。而通过大量阅读图画书，他们的思考力定会不一样，思考不同，智慧无限。而这，就是儿童从阅读图画书中所接受的哲学教育。

五、尽可能把一位作家的多部作品读一读。

大多数的图画书作家、画家有多部作品，带着孩子整体性阅读他们的作品，让孩子有一种意识，将来自己要多写作，一篇一篇、一本一本地写，而不是写一本就结束了。

比如与孩子一起读完《快活的狮子》，这本书的幽默、风趣以及塑造的全新的狮子形象深深吸引了孩子，父母此时应该告诉孩子："这书的文字作者，是瑞士的路易丝·法蒂奥，绘画作者是瑞士的罗杰·迪瓦森，他们是一对夫妇。因为这本《快活的狮子》受到了全世界小朋友的热烈欢迎，后来，他们又以这只快活的狮子为主角续写了9本有趣的图画书呢！我们再一起来读《快活的狮子在非洲》《快活的狮子怒吼》《三只快活的狮子》《快活的狮子打猎》……"

六、可以进行主题式图画书阅读。

图画书都是有主题的,把相似主题的图画书放在一起,与孩子一起读,作用相当大。我国台湾著名儿童文学作家黄乃毓在其著作《童书是童书》《童书非童书》中列出了很多主题,每个主题都有相应的图画书,带着孩子这样读,孩子拥有的智慧,肯定是相当特别。

(1) 生活·忙碌、无聊类:《小莉的一天》《世界的一天》《在森林里》《像我平常那样》《谁来买东西?》《无聊的下午》等。

(2) 生活·饮食类:《两个娃娃》《妈妈,买绿豆!》《我会用筷子》《今天的便当里有什么?》《胖国王》等。

(3) 生活·衣着类:《阿立会穿裤子了》《阿利的红斗篷》《谁在敲门》等。

(4) 生活·居住类:《你的房屋,我的房屋》《小房子》《楼上楼下》等。

(5) 生活·睡觉类:《当我想睡的时候》《起床啦,皇帝!》《起床啦!大熊》《早安!》《晚安!》等。

(6) 生活·交通工具类:《小杰出门找朋友》《巴士到站了》《骑

车去郊游》《挪亚方舟》《和甘伯伯去游河》《第一个动物园》《等待彩虹》《搬到另一个国家》《第一次坐火车》《地铁开工了》等。

（7）生活·阅读类：《我喜欢书》《傻鹅皮杜妮》《很久、很久以前……》等。

（8）生活·才艺类：《蜡笔盒的故事》《神奇画具箱》《阿罗有支彩色笔》《阿罗的童话国》《毛儿的大提琴》《彼得的口哨》《派克的小提琴》《爱音乐的马可》《小木匠学手艺》《穿越世界的一条线》等。

（9）知识类：《小蓝和小黄》《我的蓝气球》《红气球》《七只瞎老鼠》《变色鸟》《阿兰和彩线》《颜色是怎么来的?》《小鸡换声音》《好忙的蜘蛛》《嘘!》《音乐的小精灵》《彼得和野狼》《大家来听音乐会》《123数数儿》《数数看》《壶中的故事》《奇妙的种子》《我是这样长大的》《鸟儿的家》《地底下的动物》《猜猜看这是谁的手和脚?》《鹿桥真善美世界》《金老爷买钟》《慌张先生》《黑与白》《认识自己的身体》《骨头》《血的故事》《脚丫子的故事》《我的小小急救手册》等。

（10）生活·刷牙、洗澡类：《牙齿的故事》《大家来刷牙》《缅因的早晨》《第一次拔牙》《鳄鱼怕怕　牙医怕怕》《我爱洗澡澡》《最喜欢洗澡》等。

（11）生活·如厕类：《怎么会有大便》《大家来大便》《是谁嗯嗯在我的头上》《子儿，吐吐》《一觉到天亮》《马桶妖怪》《放屁万岁!》《小老鼠普普》等。

（12）生活·逛街类：《早安!市场》《跳蚤市场》《大游行》《爸

爸走丢了》《佳佳的妹妹不见了》等。

(13) 生活·生日类：《月亮生日快乐》《没有声音的运动会》《皮皮熊庆生会》等。

(14) 生活·情人节类：《猜猜我有多爱你》《最想听的话》《妈妈，你爱我吗?》《爸爸，你爱我吗?》《永远爱你》《我永远爱你》等。

(15) 生活·复活节类：《活了一百万次的猫》等。

(16) 生活·圣诞节类：《一个圣诞节的故事》《小天使安琪》《圣诞颂》《圣诞节的故事》《最好的礼物》《亲爱的圣诞老人——今年请不要来》《真的有圣诞老公公吗?》《奇妙的耶诞街车》《不一样的圣诞节》《极地特快》等。

(17) 人际·自我形象类：《我不知道我是谁》《小黑鸟》《乌鸦宝宝》《阿布，你长大要做什么?》《如果我不是河马》《阿力和发条老鼠》《神奇变身水》等。

(18) 人际·爸爸类：《爸爸，你爱我吗?》《爸爸》《月下看猫头鹰》《大猩猩》等。

(19) 人际·妈妈类：《逃家小兔》《小猫头鹰》《莎莎采浆果》《我的妈妈真麻烦》《朱家故事》《小蟾蜍的摇篮歌》等。

(20) 人际·兄弟姐妹类：《莫里斯的妙妙袋》《小麻烦波利》《小帝奇》《小宝宝》《小象欧利找弟弟》《大姊姊和小妹妹》《穿过隧道》等。

(21) 人际·老大类：《班班的地盘》《小玫的宝宝》《我真的好爱

23 图画书（绘本）的阅读智慧

你》《彼得的椅子》《我也要背背》《我希望我弟弟是一只狗》《小小大姊姊》等。

（22）人际·祖孙类：《我最喜欢爷爷》《外公的家》《汤姆爷爷》《跟着爷爷看》《爷爷一定有办法》《像新的一样好》《外公》等。

（23）人际·邻居、社区类：《我的邻居是空中飞人》《猫头鹰和啄木鸟》《晚安，猫头鹰！》等。

（24）人际·朋友类：《我喜欢你》《青蛙和蟾蜍》《小老虎和小熊》《乔治和玛莎》《和我玩好吗？》《鸟和鱼》《我最讨厌你了》《好朋友》《我和小凯绝交了》《打勾勾》《麦克的水手朋友》等。

（25）人际·亲戚类：《亲朋自远方来》《小恩的秘密花园》等。

（26）人际·少数民族类：《小莫那上山》等。

（27）人际·各行各业类：《我的爸爸不上班》《老鼠阿修的梦》《小猫玫瑰》《田鼠阿佛》《快乐的小蛋糕师傅》等。

（28）人际·宠物类：《神秘的蝌蚪》《小熊可可》等。

（29）动物·熊类：《小熊维尼》《"小北极熊系列"》《大熊哥》《玩具熊》等。

（30）动物·猪和狼类：《快乐的婚礼》《三只小猪》《三只小猪的真实故事》《小灰狼》等。

（31）动物·狗和猫类：《哈利的花毛衣》《好脏的哈利》《哈利海边历险记》《不要吓到狮子！》《我和我家附近的野狗们》《小猫去散步》《躲猫猫》《咪咪猫》《猫咪你好！》等。

(32) 动物·鸡和鸭类：《红公鸡》《母鸡萝丝去散步》《小鸡巧合的故事》《让路给小鸭子》《你看到我的小鸭吗？》等。

(33) 动物·猴类：《卖帽子》等。

(34) 动物·马和牛类：《马头琴》《爱花的牛》《我要牛奶！》等。

(35) 动物·蛇和龙类：《白蛇传》《蛇偷吃了我的蛋》《世界上第一条眼镜蛇》《武士与龙》《恐龙王国历险记》《如果恐龙回来了》《长颈龙和霹雳龙》《恐龙和垃圾》等。

(36) 动物·兔和羊类：《黑兔和白兔》《小野兔丁丁》《小兔彼得》《小羊和蝴蝶》《山羊日拉德》等。

(37) 动物·虎和鼠类：《阿虎开窍了》《三个坏东西》《老鼠牙医——地嗖头》《十四只老鼠和捕鼠先生》《野餐》《大猫来了》《老鼠娶新娘》《如果你给老鼠吃饼干》《十四只老鼠系列》等。

(38) 自然·环境保护类：《可爱的地球》《奇妙的创造》《米罗和发光宝石》《太阳石》《元元的发财梦》《森林大熊》《再见，小兔子》《鳄鱼先生游巴黎》《挪亚博士的太空船》《杰克教授的菜园》《1999年6月29日》《现代原始人》《瀑布镇的故事》《小山屋》《阿祥的新钓鱼竿》《神射手和琵琶鸭》《我们的新家》《河马在这里》《风来鹰来》《小黑鱼的故事》《流浪的狗》《独臂猴王》《小猴子回家》《外星人的日记》《柳杉的美梦》《小喜鹊的叹息》《穿红背心的野鸭》《沙滩上的琴声》《咱去看山》等。

(39) 自然·四季类：《快乐的一天》《快乐的猫头鹰》《夏日海

湾》等。

（40）自然·风云雨雪类：《风姐姐来了》《风到哪里去了》《风喜欢和我玩》《云上的小孩》《夏天的天空》《下雨了》《阿尼和小莉的野餐》《谁来买东西？》《大雪》《雪人》《扫帚雪人和眼镜雪人》等。

（41）自然·树木类：《树木之歌》《我是一棵树》《树真好》《长不大的小樟树》《爱心树》《林中的树》《大树搬家记》《第一座森林的爱》《我的苹果树》《大树之歌》《丛林是我家》《被遗忘的森林》《树逃走了》《给森林的信》等。

（42）自然·花草类：《小种籽》《花城》《乔爷爷的花园》等。

（43）自然·昆虫类：《好饿的毛毛虫》《好安静的蟋蟀》《小蚂蚁回家》《萤火虫之歌》《小虫儿躲躲藏》等。

（44）自然·蜘蛛类：《夏洛的网》《好忙的蜘蛛》《蜘蛛小姐蜜斯丝白德开茶会》《蜘蛛先生要搬家》等。

（45）自然·太阳、月亮、星星类：《天动说》《晚上》《太阳晚上到哪儿去了？》《月光男孩》《你是谁呀？》等。

（46）想象类：《疯狂星期二》《厨房之夜狂想曲》《在那遥远的地方》《森林里的迷藏王》《你喜欢……》《惊喜！》《谁吃了彩虹》《假装是鱼》《小真的长头发》《多嘴的荷包蛋》《赤脚国王》《起床啦，皇帝!》《白雪公主》《养猪王子》《追梦王子》《顽皮公主不出嫁》《五彩鸟》《胆大小老鼠，胆小大巨人》《大巨人约翰》《拇指姑娘》《杰克和魔豆》《小矮人》《洁西卡和大野狼》《问个没完的小鳄鱼》《梦幻大飞行》《听那鲸鱼在唱歌》《我们要去捉狗熊》《做得好，小小熊》《三个愿望》《大家会喜欢狮子吗?》《公鸡的愿望》《魔罐与魔球》《石匠塔沙古》《仙履奇缘》《睡美人》《小巫婆的大脚丫》《巫婆与黑猫》《巫婆奶奶》《驴小弟变石头》《奇奇骨》《帽子》《变魔术》《午夜马戏团》《莎丽要去演马戏》等。

(47) 品格·快乐分享类：《鲁拉鲁先生的草地》《花婆婆》《三个强盗》《这是我的!》《辛爷爷的怪兽》等。

(48) 品格·合作类：《好朋友一起走》《十四只老鼠吃早餐》《十四只老鼠洗衣服》《小黑鱼》等。

(49) 品格·关心与照顾类：《我希望我也生病!》《下雨天接爸爸》《雨小孩》等。

(50) 品格·助人类：《第一次上街买东西》《谁要我帮忙?》《祖母的妙法》《一个奇特的蛋》《威威找记忆》《天空在脚下》《野马之歌》等。

(51) 品格·给予类：《迟到大王》《种金子》等。

(52) 品格·尊重类：《威廉的洋娃娃》《吉吉和磨磨》《阿文的小毯子》等。

(53) 品格·勇气类：《一个黑暗的故事》《床底下的怪物》《我要来抓你啦!》《国王的新衣》《蓝弟和口琴》等。

(54) 品格·感恩类：《光脚丫先生》《约瑟的彩衣》等。

(55) 怀孕类：《妈妈生了一个蛋》《忙碌的宝宝》等。

23 图画书（绘本）的阅读智慧

（56）搬家类：《蜘蛛先生要搬家》《十四只老鼠大搬家》《搬到另一个国家》《我们是好朋友》等。

（57）上学类：《小阿力的大学校》《比利得到三颗星》《不爱上学的皮皮》等。

（58）处罚类：《我撒了一个谎》《约翰闯了祸》《野兽国》等。

（59）单亲类：《妈妈爸爸不住一起了》《妈妈的红沙发》《逃家小兔》《猜猜我有多爱你》《你睡不着吗？》《小猫头鹰》《爸爸，你爱我吗？》等。

（60）身心障碍类：《阿吉的眼镜》《祝你生日快乐》《不会不方便》《箭靶小牛》《我的妹妹听不见》等。

（61）歧视类：《野兽与男孩》《大怪龙阿烈》《威廉的洋娃娃》等。

（62）死亡类：《再见，斑斑！》《獾的礼物》《活了一百万次的猫》《精彩过一生》《生命之歌》等。

（63）生病类：《健康检查》《我希望我也生病！》等。

（64）老年类：《爷爷石》《汤姆爷爷》《爱织毛线的尼克先生》《跟着爷爷看》《先左脚，再右脚》《楼上的外婆和楼下的外婆》等。

（65）战争类：《六个男人》《亲爱的小莉》《铁丝网上的小花》《请不要忘记那些孩子》等。

家长们如何给孩子选书，买来的书如何放？按照上面的类别选书、买书、放书、读书、写书；这样的"读书"，肯定让孩子变得更有逻辑。

一本图画书，一个精心创作的故事。如果你们的孩子能读一千个这样的故事，那就是一千个智慧在孩子们的大脑中相聚；如果你们的孩子与你们共读了一万个这样的精彩，那就是一万个智慧流溢于你们的家庭之中。如果在读的过程中，孩子也能画画、说说、写写，那可别小看他们，他们比无数的作家都"牛"，因为他们真有很多成人没有的创造力。

24 桥梁书的阅读智慧

国外有一类童书被称为"Easy Reader"（方便读者、起步书）、"Beginning Readers"（初读者、易读书）或"Chapter Book"（章节书），这三组词中虽然没有任何桥梁之意，但我国翻译家创造性地将其翻译成"桥梁书"，真的非常形象，非常有味道。

桥梁书可以说是初级章节书和易读书的统称，是介于图画书和纯文字书之间的一种图书类型。桥梁书具有针对儿童不同阅读水平的显著指向性，每个故事或童话在用字遣词上都有周全的考虑。它的主题也非常

与孩子共读共书

接近儿童的生活经验，采取幽默有趣的童话故事形式，帮助孩子从喜欢阅读开始，渐渐适应字数增多、篇幅加长的文字书，最后由"亲子共读"转入"独立阅读"。作家为什么要发明桥梁书呢？

据最早的桥梁书《小熊》的编辑说，哈珀柯林斯出版集团的编辑厄休拉经常听图书管理员说，不少孩子去借书时常常会说："这书我能自己读！"于是，她萌生了要为这个年龄段的孩子编一套图书的想法。慢慢地，这类书在市场上被读者所认可，便越来越成为编辑的自觉出版行为，到后来分类也越来越细化。有些出版社在简易读本中就会分出四五个不同的级数，跨越的年龄从学龄前到三四年级。以哈珀柯林斯出版集团的"我会读"系列为例，第一级的适读年龄正是学龄前到一年级。很多桥梁书都是经典之作，例如"花袜子彩乌鸦成长故事"系列就在全球畅销多年，"顽皮的花袜子"也已经成为很多孩子最喜欢的角色。

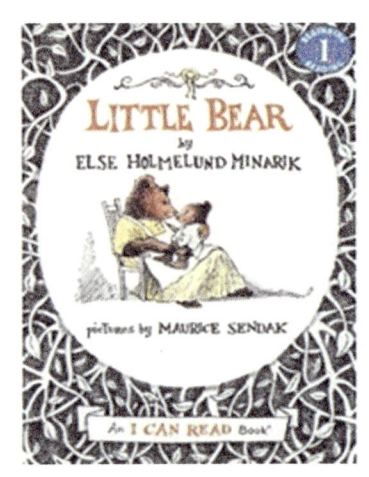

如今，欧美分级阅读概念已经发展成熟，桥梁书已经成功推出很多年了。分析这些产品，很容易发现它们的特点：文字都在20000字以下（最初级1500～5000字，第二级是5000～10000

字,第三级是 10000~15000 字,第四级是 15000~20000 字);页数不超过 100 页(字号都较大);文图比例约为 1∶1 或者 1∶2;文字浅显易懂,句型简短简单;故事兼具趣味性和文学性,又能深入孩子心理,很容易一口气读完,20 分钟左右就可以读完一本;有的是单篇的故事,有的是由四五个章节组成一个故事。

我国有专家认为桥梁书具有以下 5 个显著特点:熟词、字大、句短、行少、图小。

(1)熟词:使用各年龄段常用词,让孩子有阅读安全感,同时可以逐步累积词汇量;(2)字大:便于阅读,保护视力,也便于识别;(3)句短:一句话多是 5~10 个词;容易阅读,便于理解;(4)行少:每页的行数为 12~20 行之间,根据级别和图的比例,也可能会下探到个位数,或者超过 20 行;(5)图小:桥梁书中图不再是主角,而是配角,是文字的补充,是帮助孩子理解文字的工具。

根据我的阅读与思考,桥梁书具有十个特点、六大好处。

十大特点是:

(1)篇幅不是很长,但也不短;(2)文字不是很深,但也不浅;(3)故事不复杂,但也不简单; (4)章节不太多,但不可缺少;(5)生词难字不多,但须具备; (6)母题不多,子题非漫无目的;(7)适当的文字加适量的图画; (8)一本书并不厚,但也不薄;(9)题材并不单调,也不繁乱;(10)文学色彩不太强,但都有。

六大好处:

（1）帮助孩子建立一种信心——20分钟就可以读完一本书，一年就可以轻松读完400多本书！（2）读桥梁书既然是看故事，最重要的是从小接受美德教育——一个个主题就是一个个美德！（3）能从小培养人的文学美感——故事看似简单，但每一个故事都是具有美感的文学作品！（4）有趣的故事能启迪孩子的智慧——读完故事，读者一定会体会到或者说受到一些启示！（5）桥梁书能帮助孩子扩展思维，打开思路——桥梁书是文学、科普、人文知识的桥梁！（6）写出好玩的属于自己的文章、书籍——书原来可以这样写，我能写出一本本这样的书！

我国宝岛台湾，对桥梁书阅读的重视较早。他们经过10多年图画书的阅读推广之后，发现孩子的阅读习惯虽有显著改善，但语文能力却下降了，甚至有些孩子已经到了高年级，主要的读物却依然停留在图画书阶段，完全无法进入纯文字的图书世界。如何吸引孩子自愿阅读，从阅读中获得乐趣，循序进阶到情节较多的书？他们便开始关注、创作了桥梁书，没有想到这一创作、这一形式的阅读解决了孩子语文能力下降的问题。

当前，由于图画书的阅读还没有受到广泛的重视，面对那么多的好书，为了让学生真正地轻松地爱上阅读，我把1000本图画书列为小学第一学段的阅读重点，但这一时间内并不是说不能读桥梁书及一些纯文字的童书；把500本桥梁书列为小学第二学段的阅读重点，但这一时间内也并不是说不要阅读图画书（如德国莫妮卡·莫菲特的哲学绘本

《画家、城市和大海》《当颜色被禁止的时候》《收集思想的人》《擦亮路牌的人》，第一、二学段的孩子很难读懂，让第三学段的学生读，才更有价值)，而不要读那些纯文字的厚厚的童书。这种降低，不是能力的降低，需要父母要用大智慧来面对，要把桥梁书独特的味道读出来，把孩子读书的自信心读出来。

千万不要以为三四年级的孩子读桥梁书是幼稚的，这些书全是知名作家的创作。读这类书，一是以好玩为主；二是孩子可以感受到书原来可以这样写；三是丰富孩子的童年；四是我国课程标准规定三四年级的阅读量太少了，如果两年读完500本桥梁书，其总量一定超过国家之规定的10倍以上，这种超过完全是轻松之下的超过。

另外，我在阅读中发现，世界各国的桥梁书大多是以成套的形式出版的，这本身就是告诉小学生学会按套（多本）去阅读，去尝试创作长文章、书。

一是听孩子大声朗读桥梁书。前面说过桥梁书有很多特点，我阅读了近千本桥梁书，发觉90%以上的桥梁书适合大声朗读。大声朗读书许多好处：记忆更久、更深刻，训练自己的朗读能力，训练自己的耐性……而这种阅读方法不需要教，只要想做就可以完成。大声朗读桥梁书一般情况下是在家里完成，听众可以是爸爸妈妈、爷爷奶奶、外公外婆。比如"小妖怪童话"的每个故事，说短不短，说长也不长，大声读一遍，占用的时间不长，读完一遍，一点不累，很合适。"小妖怪童话"的语言没有生僻词汇，念起来顺口，读一遍也不费力。如果每位

孩子能坚持天天大声读出来，听到自己的声音，那他们收获的就不只是一本书的力量。

二是父母大声朗读桥梁书。孩子最感到幸福的事，应该是他们的父母常常读书给他们听。在我国，这是绝大多数家庭没有的。其实，父母读一读桥梁书，也能让自己回到童年，给自己补上一课，因为所有的桥梁书是当下父母以前都没有读过的。父母大声朗读桥梁书给孩子听，也不需要辅导，只要认识字都可以进行。有的父母普通话不好，这没有关系。如果能用方言读桥梁书，对于孩子来说更是一件了不起的大事。方言的魅力有时是普通话所缺少的。而现在原版引进的纯英文的桥梁书也多了，如果父母的英文水平高，读英文给孩子听，对于孩子第二、三语言的学习作用更大。

三是自己默读。一本桥梁书只要 20 分钟左右的时间就可以读完，这一点不需要多讲，孩子都会。关键是，孩子自己阅读，父母们最好也能跟着默读。创造美好的阅读环境，非常必要。因为都读了，讨论才能进行。比如《教室里的海盗》，这是由法国儿童文学作家克里斯蒂娜·帕吕伊著，法国插画家伊夫·卡拉奴绘，周国强翻译的一本桥梁书。这是趣味的情节、趣味的插图均属上乘的一本桥梁书，能充分吸引孩子们感受文字阅读的乐趣。让孩子们"自己拿起书"，在无压力的氛围下用自己喜欢的方式把《教室里的海盗》读完，是阅读学习成功的第一步。这些书，也许在大人眼里没有什么"意义"可言，却是有效引导孩子进入文字构筑的想象世界的佳径。

四是创作式阅读。这是看似要求极高的阅读,其实不然。每本桥梁书都是作家的创作,或是把自己家里的事创作成一本书,或是把学校的一些事创作成一本书,或者把想象的一个世界写成一本书……阅读不能仅仅是阅读,如果阅读只是阅读,就不能把作家的写作风格读到,不能降低自己写作的难度,阅读的作用往往失去了一大半。因此桥梁书的阅读,不能少了写作风格的寻觅,不能忘记这一本本书给予读者的创作智慧。比如"劳拉的星星"系列桥梁书,这套书由《开学第一天》《谁折断了友谊树》《午夜大餐》《一个人去灯笼岛》《野外露营历险记》《我来当小丑》《寻找圣诞老人》组成,每一本都充满着创作味。读这套书,就是要唤醒孩子,每个孩子都要经历多个开学第一天,孩子们所在的班级也都有许多矛盾之事,每个孩子都有一个人独立的时光,每个孩子都有过脏兮兮的时候,每个孩子都有过寻找某种东西的经历……如果在阅读中告诉孩子,他们也可以像该系列桥梁书的作者克劳斯·鲍姆加特、康奈利阿·诺伊戴尔特那样去写去画,肯定也能创作出自己的桥梁书。所有的童书都有大量的对话,在阅读这类书时一定不要忘记人物间的对话,让孩子学学如何写对话——孩子一旦学会写对话,就等于找到了一把创作上的金钥匙。

五是桥梁书也是有主题的,可以像图画书那样以主题阅读的方式去读。一位作家创作的桥梁书往往不是一本,用一段时间读一位作家的桥梁书,得到的智慧就是这个作家一直在写,他的大脑与其他作家的不同;认识到这个不同,就等于发现了作家的写作风格。

桥梁书是专门为儿童开发的,不可或缺。图画书好读,桥梁书也好读。千万本图画书读完,人的读图时代会过得相当幸福。百千本桥梁书读完,儿童的阅读能力肯定是强的。当下的父母们,你们的童年是没有这些书的,与孩子一起读,给自己补上一课,因为桥梁书是我们所有人的需要。

25 较厚的纯文字书的阅读智慧

孩子对纯文字书与图画书、桥梁书的阅读,离不开父母的广泛参与。较厚之书的阅读虽然也少不了成人的参与,但孩子到了能够读较厚的书时,的确需要自主地读,需要静静地读,需要每天都读,需要在独立阅读过程中有一些思考。

一是读读历史故事。喜欢中国,就把

中国历史读一读；喜欢美国，就把美国历史读一读；喜欢世界，就与世界史来一次长时间的拥抱。上下五千年，没有一个故事是重复的，只要读了，哪一个故事都能让你品评一番。有一套书叫《吴姐姐讲历史故事》，这是很值得读的一套书，许多孩子拿起来就不想放下。15本书，读完要数月。读完后放下书，人真的会厚重了许多。有了这15本书垫底，初中、高中的历史学习，还有什么可怕的？

二是读读哲学大师。哲学是所有学科之母，哲学就是爱智慧。早早地习得哲学，人的智慧就不一样，思考问题的方式方法就不一样。我们国家的幼儿园、小学没有哲学课程，法国、英国、德国等许多国家在幼儿园或小学就开设了。早一点让孩子接触哲学，就是让孩子早一点与哲学大师相遇。韩国有一批高学历的作家，用世界50位哲学大师的理论，结合当下实际，用文学的手法创作了一套《有趣的哲学启蒙书》。每本书150页左右，通俗易懂，不到一个小时就可以看完一本。连续50天与50位哲学大师对话，可以非常精准地认识100个充满哲学意味的词语，因为每本书讲了两个词语。例如，《伏羲：对立与统一的的故事》《孔子：仁爱与礼仪的故事》《苏格拉底：智慧与无知的故事》《亚里士多德：道德与幸福的故事》《伊壁鸠鲁：快乐与痛苦的故事》《柏拉图：正义与真理的故事》《奥古斯丁：关爱与感恩的故事》……

三是读读动物小说。动物是人类的朋友，与我们人类共享地球这个家园。让孩子从小读读动物小说，全方位地认识一下动物，会让孩子对动物有一种真爱。这类书有很多，比如沈石溪的动物小说：《狼王梦》

25 较厚的纯文字书的阅读智慧

《最后一头战象》《第七条猎狗》《再被狐狸骗一次》《和乌鸦做邻居》《戴银铃的长臂猿》《斑羚飞渡》《导盲犬迪克》《刀疤豺母》《牧羊神豹》《白象家族》《虎娃金叶子》《大鱼之道》《骆驼王子》……每一本都值得孩子读一读。

四是读读科普之作。很多孩子喜欢动手玩科学，对科学着迷，这是好事。既然他们喜欢，为何不让他们走得更远一点呢？这类书，是挺难读的，也挺难懂的，其实懂与不懂都是收获。只让孩子读那些一读就懂的东西，也不利于孩子的成长；只有让孩子发现有许多东西读不懂，孩子的那颗想要解决问题的心才能苏醒。《时间简史》《果壳里的宇宙》《大设计》是霍金的书，据说能够真正把霍金的书读懂的，世界上不超过10个人。但只要孩子拿起这些书看了，他们就会收获一种特别的智慧，为自己开启一片新奇的天地。科学方面的书非常多，让孩子多读一些，就是给孩子勇攀高峰的目标。

五是读读一些诗集。诗人就是创造者，这是古希腊人的解释。我希望我的女儿拥有一点诗人的气质，我也希望亲爱的读者及其孩子爱上诗之创造，成为诗人，因为诗和数学一样，用简洁的语言来表达非常复杂深刻的东西。"我也会写诗"——当你读十来本诗集后，手就会"痒痒"地写起来。爱德华·李尔

的《荒诞书》，是百年来让整个英国人爱上写诗的一本书，孩子们不能错过；金子美玲的《向着明亮那方》，每一首都值得一读再读；还有约瑟夫·雷丁的《日安课本》，还有狄更斯、普希金等大师的诗集……让孩子们读一读吧！

六是父母用自己的阅读喜爱影响自己的孩子。诺贝尔文学奖获得者大江健三郎在北京大学的一次演讲中说他的母亲非常伟大，因为他的母亲最爱鲁迅的著作。日本所出版的鲁迅著作，大江健三郎的母亲全都看了，日本报刊上对鲁迅的著作评述，只要遇到，她都会细读。在她临终前，一本打开的《故乡》还在头边。大江健三郎很小的时候，母亲就告诉他，一定要多读鲁迅的著作，以后写作就像鲁迅那样来写。但大江健三郎没有听母亲的话，20岁那年，正在读大学的他，发表了一部中篇小说，兴奋地拿了稿费与文章见母亲。母亲见后，怒扇两个巴掌，并把他赶出家门，说："我让你读鲁迅，并按照鲁迅的方式去写作，你不听！读你的文章，就让人想从楼上跳下去。鲁迅的文章，给人力量……"大江健三郎回到大学，真的读了，用了。他说自己获得诺贝尔奖与母亲用鲁迅之作教育他有关，还劝我国青少年要多多读读鲁迅。鲁迅的书，作为中国人一定要读。但作为父母，总该有自己喜欢的书、喜欢的作家，因为是自己喜欢，肯定有研究，肯定在这方面是行家，指导自己的孩子就不该有问题。

纯文字的书，品种非常多，世界文学名著及获得大奖的小说等，孩子们都可以看了。开卷有益！读起来，写起来，家才能持久地美起来！

25　较厚的纯文字书的阅读智慧

在书的海洋中，较厚与很厚的纯文字（含插图）的书是最多的，门类也最多。阅读这类书其实没有什么智慧可言，只要你读了，选择你喜欢的书读起来了，研究起来了，你就是智慧之人。人长大了，手中的书也厚了，读一本，需要的时间长了——不要急，慢慢来，因为你不能只读别人，还要停下来，写自己的。

26

与孩子一起书

21世纪,让人越来越清楚,写作是人生存的第一技能。请父母们相信这句话,努力让自己的孩子爱上写作,最好与孩子一起写起来。写作不可怕,人人可为,不是作家的专利。

汉字"写作",非常奇妙!

"写"的繁体字是"寫",形声字,篆文从"宀"(读 mián,房屋的意思),"舄"(读 xì,象形字。金文的"舄"字,像一只喜鹊扇动翅膀张大嘴喳喳叫的样子。喜鹊善叫,鸣叫时不断扇动翅膀。"舄"的本义之一就是喜鹊）声。"寫"就是屋中有扇动翅膀、边叫边飞的喜鹊。《说文解字》中又说："寫，置物也。"意思是将物品从他处移动放置到房子里来。这是"写"的意义之二。后来"写"字又引申为输送、倾吐、倾诉、宣泄、去掉、书写（用笔作字）、描摹、叙述、创作、写作等。清代段玉裁注："写，凡倾吐曰写。"人人会倾吐，所以人人会写。这是写的意义之三。关于"作"字，《说文解字》中说："作，起也。"而作为"起"的东西，是通过人的行为动作做成的，因此"作"又有制造、创造的含义。在先秦两汉，只有具有创造性撰述的文章才能叫作"作"，而具有阐述性的撰述文章是不能叫"作"。所以在先秦两汉，作文就是指那些创造性的文章写作。

祖先创造出的"写作"二字，实在是牛！这两个字，还蕴含着很多东西，如果你们与孩子知道了、清楚了，肯定会共同说出："我们真的都能写！"

一、**鹊叫如人写，都是表达**。喜鹊叫、喜鹊善叫是喜鹊的表达方式，人会说、人善说、人会写、人善写是人的表达方式。虽说人鸟不同，但祖先用这种方式作比，其实是利用喜鹊的叫、善叫告诉我们人类，人人会写，更要善写。与鸟相比，最大的不同是人创造了文字，人会使用语言文字。如果人放弃了写，自然就可以得出"人不如鸟也"的结论。

二、**为人类的创造而写作**。一切真正有意义、有意思的写作都是创造！爱写作，就是拥有、热爱创造，就是爱用文字表达人类的若干创

造，并且也能引发后人不断去创造。人民教育家陶行知先生说："人人是创造之人，时时是创造之时，处处是创造之地。"先生还有一首《手脑相长歌》："人生两个宝，双手与大脑。用脑不用手，快要被打倒。用手不用脑，饭也吃不饱。手脑都会用，才算是开天辟地的大好佬！"人人都有创造力，人人都有一双手和智慧的大脑，如果放弃了写作，一切创造不能变成文字，社会发展肯定是停滞不前，文字的发明也就失去了任何意义。所以说，善于写作就是一生拥有创造，一生愿意用文字表达最有魅力的创造。这是一件非常伟大的事，也是后人不断感恩前人的事。

三、只要活着就能够写作。"写"字中刻画的那一只善于鸣叫的喜鹊，是一只生命力极强的喜鹊。祖先用这种方式告诉人们，一个人只要活着，无论他处于什么境地，都应有源源不断的创造，虽然人的身体或许会因为某种原因受到限制，但是人的心灵，谁都限制不了，写作便都能够进行下去。只要自己还活着，写作就不能终止。

四、人人都会吸纳倾吐。吸纳与倾吐是一组词，是一组决定人生命长度、宽度、高度的词，也是人人天生拥有的一组能力。吸纳就是阅读世界，每个人在每一天都在阅读世界，既然阅读了，也就没人能阻止吸纳。倾吐就是表达，人人每天都在表达，写作是表达的一种；口头表达加上书面表达，这样的人生最有意义。人人既然都有这种和谐一致的能力，就说明人人天生在读，天生会写，而放弃这个天生的本领，不就是让正常的自己变成不正常吗？

五、人人都会移置事物。"将物品从他处移动放置到房子里来",怎么移?地球上有那么多、那么大的房屋吗?地球上没有哪个人能够把"一个月亮"移进自己的屋子,地球上根本没有这么大的房子,怎么办?其实祖先早就给我们想好了,"用文字写作"就能解决这一难题,即把现实中的物品、事情刻写在龟壳、竹片、绢布、皮革、器皿、纸张等上面,换言之就是在房屋里用文字记录万事万物,一代接一代地记录一切。如此,人们就能可持续性地拥有过去、记录现在、创造未来……而文字的创造发明,不就是这个目的吗?老祖宗如此之创造,美不美?奇不奇?太美了!太神奇了!一代代地承接前人的创造,打造美丽的今天,开辟幸福的未来,这就是人天生拥有移动放置能力的表现。人人天生会移动放置,意味着人人天生会写作。

六、只要有家的人就能写。孩子们都有家,家是爱上写作必须有的条件。什么是家?凡·高晚年曾经画了一幅《家》,这幅画非常简单,屋里有一张床、一张桌子、两把椅子。

凡·高晚年就在这样的家里绘出人生最美好的篇章。有床,就可以休息,可以躺在床上思考;有桌子,人就可以在桌子上吃饭、写写画画;有两把椅子,人可以坐在桌前吃、写、画,宾客来了可以坐下来面对面交流。这简单的三大件,家家有。有了这些,写作还有什么困难呢?我想困难可能就是,很多人不愿意用"写作"来爱、使用这个家!

认识了写作,就一起与孩子写起来吧。

一、九岁前的写作,不能再被忽略了。九岁前,就是孩子上三年级前,手小,识字少,让他们写,肯定是摧残。而这个阶段,孩子是非常有创造力的,孩子每天特别棒的话语是很多很多的,如果你能将其一一留下,就是世界上最有创造力的作品。父母一定要留意,一定要大量录下孩子所说的话语,这些话语,可以整理成诗。美籍华人邹奇奇11岁之前发表了400多首诗,很多就是父母录下整理的;我国台湾的周大观虽9岁离世,但离世前出了一本诗集《我还有一只脚》,这本诗集全是孩子说、父母记录的。谁能坚持记录孩子9年,谁就能交给世界一个奇迹。每个孩子都不一样,9年间,每个孩子都会创造很多故事,记下来,便是非常厚的创造力。

二、与孩子一起写书。写什么书?《我的自传》《我的爸爸》《我的妈妈》《我的儿子》《我的女儿》《我的爷爷》《我的奶奶》《我的外公》《我的外婆》……世界上很多作家的处女作是个人自传。美国创意写作课程告诉人们,一个人14岁之前的事足够一个作家写一辈子的。每个人的家都是不一样的,故事都是充满个性的,写下来也都是美妙的。作为父亲、母亲,要给孩子写,写自己的回忆录,这样孩子才能永远地记住你们，否则会很快把你们忘记。作为儿女，一定要写自己的父母，因为世界上最棒最持久的感恩方式就是用文字记录自己的父母。而这种写作也可以让后人感受到你的创造，也会激励后人持续创造。

三、与孩子共写信。家书，被称为天性写作。何为天性写作？现在还没有具体的解释。研究家书的人认为，家书内容再现了天性，即表现了家庭成员先天具有的品质或性情。有人把天性描述为十七类：好奇心（探索欲）、占有欲（控制欲）、食欲、情欲、敌意（警觉心）、善意、创造欲、破坏欲、表现欲、嫉妒心、保护欲（使命感）、依赖感（安全感）、恐惧感、崇拜感、孤独感、懒惰、虚荣。而这十七类内容最真实、最直接的文字表现形式，就是家书。很多事不能跟他人（包括其他的亲戚、朋友）讲，很多事不能在公开场合说，而这些事过一段时间（几年、几十年、百年之后）可能就是这个家庭最有智慧的事件，若不记录，很多东西就会被遗忘，所以家书成了天性写作。世界上，有很多家书已经成为经典，如《曾国藩家书》《傅雷家书》早已经成为世界家书之宝藏。我们家有《鲁迅家书》《胡风家书》《胡适家书》《美国总统家书精选50封》《致儿家书》《伯爵家书：一位外交官写给儿子的80封信》《圣地家书》《奈保尔家书》《凡·高家书》《基列家书》等，这一部部家书都是"天性写作"的范本。名人之家书值得我们读，如果只是读，我们不去创造自己的家书，乃人生之憾事。家书是所有家庭都可以做的事，算不上大事。但一旦写了，一家人一起写了，最终必然是做了一件了不起的大事。

在你们的家庭里，如果能完成这三个方面的写作，足够了！

　　一家人爱上写作不是难事，为什么这样的家庭不多呢？主要原因是绝大多数的父母不爱读不爱写，绝大多数父母的父母也不爱读不爱写。今非昔比，今天的年轻父母，应该给自己的家庭来一次彻底变革，从读与写上来一次彻底变革。只要你们想变，成功就是必然的。

27 为孩子多读多书做好准备

著名历史学家麦考莱在给一个小女孩的信中说:"如果有人要我当最伟大的国王,一辈子住在宫殿里,有花园、佳肴、美酒、大马车、华丽的衣服和成百的仆人,条件是我不读书,那么我决不当国王。我宁愿做一个穷人,住在藏书很多的阁楼里,也不愿当一位不爱读书的国王。"

为了让孩子多读多写,父母应该为孩子做好以下准备:

一是给孩子准备一个档次较高的台灯。千万不要随意地给孩子买个台灯,这个不可将就。2015年3月15日,有关部门抽查了我国生产的儿童专用台灯,结果98%不合格。因此,为孩子选购台灯时一定要慎之又慎。

二是给孩子准备一个可以升降的书桌。千万不要让孩子在饭桌、茶几上读书写作,因为饭桌、茶几高的高、矮的矮,对孩子的发育成长不利。

三是给孩子准备一个容下千本书的书柜。但是,有一个问题:摆放这样的书柜需要一个较大的房间。有关研究显示,日本是世界上最拥挤的国家——人均住房面积非常少,却也是世界上给孩子最大独立空间的国家,近70%的家庭把最大的空间给了孩子,并给孩子配备了较大的书柜。有人会说,没有这个必要,到图书馆去借书读多好啊,省了空间,孩子的读书能力也不会低;还有人说,书那么贵,书柜也非常贵,书看完了,存在书柜里,实在是没有多少意义;还有人说,有一个小书柜就可以了,书看完,我就给扔掉……到图书馆借书读,是必要的,但家中藏书同样也是必要的;书看完,为什么要扔掉、卖掉呢?把认为好的书放在那里,后代也可以看呀。我强调多读多写,建议大家在书柜中专门留点空间给自己,专门放自己的作品,这是非常必要的!"幸福与成功 = 读 × 书"就是这个意思。家中永远不能少了书柜,书与书柜,是家中最伟大的投资,一个有文化之家庭的标配。

四是给孩子准备一个质量好的厚本子。这个本子用于记录孩子读了多少书,只要写清楚某年某月读了哪本书、多少页、大概多少字就行了。不要小看这一记录,假如你们能把与孩子读过的每一本书都作此简单的记录,等孩子到了三年级后,就让他们自己记,促其养成这种特别记录的习惯,等到老了,重看这个本子,读过的书肯定会一本又一本地跳出来,一个人晚年的幸福指数就更高了。

五是给孩子准备一个热爱读写的家庭。如果只是让孩子多读多写,父母却放任自己,想干什么干什么,那么孩子在读写的过程中肯定会产生"父母都说读书好,为什么自己都不读"的疑问。孩子在自己的屋子里读书,父母也应在自己的屋子里读啊写啊,这能潜移默化地引导孩子成长。我喜欢读书与写作,但对于女儿童年的阅读与写作,我并没有特别指导。我觉得三十多年来,我没有停止阅读与写作,没有停止在她的面前阅读与写作,对她是有影响的,而我也不是一个作秀的父亲,更不是忽悠女儿的父亲。我教了那么多学生,那些读书多、成绩好的孩子,受父母的正面影响很大;而一些习惯、成绩等不好的学生,其行为真的与父母有关。希望亲爱的读者都是真爱读、真爱写的父母。

六是持续不断地把好书带回家中共读。"巧妇难为无米之炊。"有的父母会说,用不着买那么多,看完一本买一本就是;买了那么多,看不完不是浪费吗?其实不是浪费。很多书摆在那儿,虽然有些书没有看完或者没看,但每天就是无意中扫几眼,也会给人灵感,因为书名本身都是作者思来想去的产物,都充满着超级智慧。前面介绍过韩国的陈庆惠,在两个孩子六个月大时就开始每天读 20 本图画书给孩子听。假如你们的孩子正好是六个月,那就持续地买好书、买很多好书读给孩子听

吧；假如你们的孩子已经大了没接受过大量阅读训练，如果生了二胎，那就可以等孩子六个月大时开始实验，肯定会发现你两个孩子的差别的。

新教育实验缔造者、我国著名教育专家朱永新教授说："一个人的精神发育史就是他的阅读史，一个民族的精神境界取决于这个民族的阅读水平。"这是真理！做好这六大准备，全家人就一起往前飞奔吧！

行军打仗有一条规则，那就是"不打无准备之仗，方能立于不败之地"。粮弹备好，共同行走，多读多写才能在你们的家庭中真实地发生。可以说，每分每秒世界上都有很多新书面世。抱着几本书不放，那是落后；不读新书，那是落后；不写新书，同样是落后。

一起读书,共同行走

高子阳

一起读

一起读

读人类之智慧

品人类之精彩

一起书

一起书

书我的智慧

书我的创造

书我的曼妙

书我的艺术

一起读书

一起读书

父亲的责任

母亲的责任

一起读

一起书

我的目标

我的责任

我的人生

读起来

写起来

一家人的幸福

一代又一代的成功

感谢我的导师,感谢我的父母,感谢我的爱人,感谢我的两个女儿,感谢为这本书付出心血的济南出版社的朋友,感谢拥有这本书的读者!

2017年2月10日

一起读书，共同行走

高子阳

一起读
一起读
读人类之智慧
品人类之精彩

一起书
一起书
书我的智慧
书我的创造
书我的曼妙
书我的艺术

一起读书
一起读书
父亲的责任
母亲的责任

一起读
一起书
我的目标
我的责任
我的人生

读起来
写起来
一家人的幸福
一代又一代的成功

一、我家部分藏书 …………………………………… 001

二、大家庭"百千万"本书阅读计划与记录 …………………… 035

一、我家部分藏书

【我读完的童书目录,"152"童书目录,请大家放心选择】

第一学段 1000 本图画书

1. 克莱尔·弗莱德曼《关于爱的故事》(第 1~2 辑,共 12 册)

2. 卡尔·艾默生《马蒂教你控制坏脾气》(共 12 册)

3. 汉斯·比尔"绘本大师汉斯·比尔作品系列绘本"(共 6 册)

4. 休·蒙格里登《关于成长的故事》(共 6 册)

5. 贝蒂·麦克唐纳"小猪摇摆夫人系列"(共 4 册)

6. 梅尔塞·塞克斯《成长的烦恼》（共8册）

7. M. 克里斯蒂娜·巴特勒"暖房子经典绘本系列·欢乐篇"（共6册）

8. 戴安·布罗伯格"儿童情绪管理与性格培养绘本系列·成长进行时"（共3册）

9. 斯特凡妮·迪南-帕拉"小萌童书·性格塑造绘本系列"（第1辑，共7册）

10. 卡玛·威尔逊"暖房子经典绘本系列"《贝尔熊和朋友们》（共6册）

11. 约翰尼·鲍尔《有趣的科学》（共4册）

12. 哈利·阿拉德《尼尔森老师不见了!》

13. 杰奎琳·布里格斯·马丁《雪花人》

14. 维吉尼亚·李·伯顿《生命的故事》

15. 吉尔斯·安德烈《长颈鹿不会跳舞》

16. 洁米·李·柯蒂斯《一定要比赛吗?》

17. 朱迪思·维奥斯特《亚历山大和倒霉、烦人、一点都不好、糟糕透顶的一天》

18. 艾莉森·麦基《有一天》

19. 酒井驹子《我讨厌妈妈》

20. 彼德·雷诺兹《味儿》

21. 凯·温特斯《爱看书的男孩：亚伯拉罕·林肯》

22. 西尔维·尼曼《星期三书店》

23. 葛兰妮蒂·提莉·特纳《自由的苹果：海莉·塔布曼》

24. 威廉·利普金德《小机灵与小迷瞪》

25. 伯纳德·韦伯《勇气》

26. 彼得·雷诺兹《点》

27. 凯瑟琳·辛普森《人类的大脑》

28. 沃尔夫·埃布鲁赫《当鸭子遇见死神》

29. 安迪·莱利《谎话总动员》

30. 安迪·莱利《骗小孩的大谎言》

31. 安迪·莱利《找死的兔子（大全集）》

32. 安迪·莱利《自私的猪》

33. 安迪·莱利《作死的发明》

34. 申东卿、金顺娴、朴正善等《蒲公英科学绘本系列：用孩子的方式讲科学（3~6岁）》（共5册）

35. 大卫·香农《大卫，不可以》

36. 乔纳森·艾米特、丹尼尔·豪沃思《一直爱你，永远爱你》

37. 卡罗琳·皮彻等"小家大爱绘本系列"（共4册）

38. 鲍尔·菲尔斯特、菲利珀·高森斯《爱哭的猫头鹰》

39. 吉莉安·洛贝尔、丹尼尔·霍华斯《世界真好》

40. 安东尼·布朗《我爸爸》

41. 宫西达也《永远永远爱你》

42. 恩斯特·杨德尔、诺尔曼·荣格《第五个》

43. Chiya《童话之森》

44. 佐佐木洋子"小熊宝宝绘本系列"（共15册）

45. 贝斯·苏珊、凯蒂·潘慕特《记忆的瓶子》

46. 李欧·李奥尼《小黑鱼》

47. 贝斯·苏珊《大大行，我也行》

48. 安德烈·德昂《亲爱的小鱼》

49. 安东尼·布朗《公园里的声音》

50. 大西悟《谁藏起来了》

51. 艾瑞·卡尔"艾瑞·卡尔经典绘本系列"（共4册）

52. 玛格丽特·怀兹·布朗、克雷门·赫德《逃家小兔》

53. 谢尔·希尔弗斯坦《爱心树》

54. 金·弗珀兹·艾克松、爱娃·艾瑞克松《爷爷变成了幽灵》

55. 毕翠克丝·波特《小兔彼得和他的朋友们》（共23册）

56. 阿万纪美子、上野纪子"聪明的小宝绘本系列"（共10册）

57. 达米安·哈维、科奇·保罗《蜗牛的长腿》

58. 迈克尔·布罗德"小象勿忘我系列"（共3册）

59. 塞巴斯蒂安·麦什莫泽《松鼠先生和月亮》

60. 菲比·吉尔曼《爷爷一定有办法》

61. 朴成雅等"小牛顿爱探索科普绘本系列"（共20册）

62. 莫迪凯·葛斯坦《高空走索人》

一、我家部分藏书

63. 安德烈·德昂《月亮，你好吗》

64. 嘉贝丽·文生"艾特熊和赛娜鼠系列"（共 16 册）

65. 英格·迈尔、詹妮弗·坎顿《不再害怕尝试》

66. 细野绫子、麦克·格雷涅茨《彩虹色的花》

67. 吉姆·戴维斯"加菲猫启智绘本系列"（共 10 册）

68. 卡特琳·多尔托等"宝宝心理成长绘本系列"（共 12 册）

69. 宫西达也《你真好》

70. 李贝·格拉森《最温暖的家》

71. 佐野洋子《活了 100 万次的猫》

72. 罗斯玛丽·科恩茨勒－贝恩科"小朋友最爱的睡前故事经典绘本系列"（共 9 册）

73. 卡尔·R·萨姆斯、珍妮·斯托伊克《感动全球的摄影狂想曲》（共 4 册）

74. 尹成娜《一本讲述睡觉的书》

75. 横沟英一《火车出发了》

76. 高木直子《一个人住第 5 年》

77. 芭芭拉·库尼《花婆婆》

78. 保罗·欧·泽林斯基《风铃草姑娘（凯迪克金奖绘本）》

79. 大卫·香农《大卫上学去》

80. 弗朗西斯·沃茨、戴维·利格《给爸爸的吻》

81. 佩特·哈群斯《母鸡萝丝去散步》

82. 吉恩·蔡恩、玛奇丽特·布罗伊·格雷厄姆《好脏的哈利》

83. 莫莉蓟野"一个你从未见过的奇幻国度系列"（共3册）

84. 高木直子《一个人住的每一天》

85. 高木直子《一个人的美食之旅》

86. 安·弗罗姆鲍特等"小萌童书：世界优秀绘本系列"（共5册）

87. 林美玲、尼尔·夏普"爱上不一般的你系列"（共4册）

88. 阿尔诺·阿勒美拉斯《那年夏天》

89. 维吉尼亚·李·伯顿《小房子》

90. 罗伯特·麦克洛斯基《让路给小鸭子》

91. 大卫·威斯纳《疯狂星期二》

92. 波·R·汉伯格、爱娃·艾瑞克松《我的爸爸叫焦尼》

93. 黛安娜·赫茨·阿斯顿、西尔维亚·朗《美丽成长生命科普绘本系列》（共3册）

94. 高木直子《一个人暖呼呼》

95. 约翰·柏林罕《迟到大王》

96. 维尔纳·霍尔茨瓦特《是谁嗯嗯在我的头上》

97. 玛格丽特·雷等"好奇的乔治系列"（共8册）

98. 兹德内克·米莱尔"鼹鼠的故事系列"（共8册）

99. 五味太郎《鳄鱼怕怕 牙医怕怕》

100. 玛拉·伯格曼、尼克·马兰德"小奥利弗的大梦想系列"（共4册）

一、我家部分藏书

101. 莫妮卡·菲特《画家、城市和大海》《当颜色被禁止的时候》《收集思想的人》《擦亮路牌的人》

102. 崔允祯、刘永昭等"数学绘本系列"（共36册）

103. 红马文化"我最喜欢的经典童话故事精绘本系列"（共32册）

104. 爱娃·海勒《颜色的战争》

105. 话小屋、郑勤砚"绘本中华故事·传统节日系列"（共6册）

106. 五味太郎《小牛的春天》

107. 贾尔斯·安德列亚、瓦尼萨·凯班《爱是一捧浓浓的蜂蜜》

108. 安东尼·布朗《我爸爸》《我妈妈》

109. 谢恩·McG《没有做不到的事》

110. 海兹·雅尼什、西尔珂·萝芙妮等"暖暖心绘本系列"（共4册）

111. 宫西达也《今天运气怎么这么好》

112. 伊东宽《首先有一个苹果》

113. 约瑟·西奥博德《小绵羊生气了》《贪心的小绵羊》

114. 卡罗琳·丘奇等《爱跳舞的小刺猬》《落叶的烦恼》《跟我一起动耳朵》

115. 迪啵儿儿童趣味地图班《中国百科地图绘本》

116. 德瑞克·莫森、泰拉·葛拦罕·金恩《敌人派》

117. 木野鸟乎《我的温柔死神》

118. 濑名惠子"幼儿自主意识敏感期教养绘本系列"（共8册）

119. 里德温·范赫芬《从春到夏,从秋到冬》

120. 五味太郎《看,脱光光了!》

121. 大卫·威斯纳《7号梦工厂》

122. 丹尼斯·洛克希尔、图劳伦·西蒙德、贾尼斯·勒卫《我最爱的奇妙故事系列》

123. 杰侯姆·胡里埃、伊莎贝尔·卡里尔"怪味豆哲理图画书系列"(共5册)

124. 马科·希姆萨、多丽丝·埃辛伯格"儿童古典音乐绘本系列"(共8册)

125. 米切尔·恩德、威尔弗里德·希勒、曼弗雷德·施吕特《犟龟》

126. 碧姬·拉贝、米歇尔·毕奇、雅克·阿扎姆"写给孩子的哲学启蒙书系列"(共6册)

127. 加古里子《你的家我的家》

128. 吉恩·蔡恩、玛格丽特·布罗伊·格雷厄姆"好脏的哈利系列"(共4册)

129. 尼恩科·范希荷顿、玛丽安·范泽埃尔《苹果蛋糕》

130. 比尔·马丁、艾瑞·卡尔《棕色的熊、棕色的熊,你在看什么?》

131. 卢克·库普曼斯《逃跑的煎饼》

132. 丹尼尔·纳波"布鲁姆博士系列"(共3册)

133. 里德温·范赫芬《小精灵温克和动物们》

134. 加古里子"加古里子的身体科学绘本系列"（共 10 册）

135. 安野光雅"美丽的数学绘本系列"（共 5 册）

136. 佐佐木洋子"小熊宝宝认知绘本系列"（第二辑，共 10 册）

137. 西原实《毛毛虫列车》

138. 安野光雅《旅之绘本》（共 6 册）

139. 安东尼·布朗《我喜欢书》

140. 周美强《野生动物大搜奇》

141. 伊东宽《小蛇散步》

142. 安野光雅"走进奇妙的数学世界系列"（共 3 册）

143. 克里丝塔·肯普特、弗劳克·韦尔丁《兔子先生的麻烦》

144. 崔琡僖《我也行呀！》

145. 南希·卡尔森《我喜欢自己》

146. 中江嘉男、上野纪子"可爱的鼠小弟系列"（共 22 册）

147. 戈尔德萨克、斯莫尔曼"和朋友们一起想办法系列"（共 8 册）

148. 伊莎贝拉·蕾诺帕"冒险岛系列"（共 8 册）

149. 马克·布朗"亚瑟小子系列"（共 10 册）

150. 爱德华·阿迪宗"小水手提姆系列"（共 11 册）

151. 菲利普·马特"米尼狼系列：探险新故事系列"（共 6 册）

152. "小鸡不好惹系列"（第一、二辑，共 12 册）

共读共书记录本

153. 埃尔热"丁丁历险记系列"（共22册）

154. 玛莉·阿丽娜·巴文、克斯多夫·勒·马斯尼"小兔汤姆系列"（第一辑，共6册）

155. 乔安娜·柯尔、布鲁斯·迪根"神奇校车图画书系列"（共11册）

156. 于贝尔·本·凯蒙"塞姆—小勇士奇幻事件簿系列"（共10册）

157. 于贝尔·本·凯蒙"尼可—小淘气变身英雄记"（共14册）

158. 毛里·库纳斯"金色童书系列"（第一辑，共4册）

159. 帕特西亚·施罗德"和爸爸妈妈一起读系列"（共8册）

160. 凯瑟琳·沃尔特"小熊奥菲系列故事"（共4册）

161. 西尔维娅·范登海德"狐狸福斯和兔子哈斯系列"（共5册）

162. 科奇·保罗"温妮女巫魔法绘本系列"（第一、二辑，共13册）

163. 山姆·麦克布雷尼《猜猜我有多爱你》

164. 伊丽莎白·布莱美《两棵树》

165. 斯文·诺德奎斯特《派老头和捣乱猫的开心故事》（共8册）

166. 约翰·瑞恩《海盗船长系列》（共7册）

167. 辛西亚·帕特森"狐狸村传奇系列"（共8册）

168. 松居直《桃花源的故事》

169. 卡洛·布斯凯《森林中的小老鼠一家》

170. 玛丽·荷·艾斯《在森林里》

171. 佐野洋子《绅士的雨伞》

172. 伊姆克·许妮克森《维利床下的鬼》

173. 大卫·威斯纳《1999 年 6 月 29 日》

174. 雅诺什《不莱梅的音乐家》

175. 安格拉·冯·罗尔《是蜗牛开始的!》

176. 沃尔夫·埃布鲁赫《一只想当爸爸的熊》

177. 杨唤《家》

178. 安伯·斯图尔特《我喜欢我的小毯子》

179. 芭贝·柯尔《我的奶奶真麻烦》《我的爷爷真麻烦》《我的爸爸真麻烦》《我的妈妈真麻烦》

180. 牡丹·刘易斯《我永远爱你》

181. 米丽娅姆·莫斯《忘了说我爱你》

182. 莎琳娜·柯恩斯《大雪》《莉娜和野鸟》《赶雪节的铃铛》《杜玛尼一家和他们的鸟邻居》《毛鲁斯去旅行》《毛毛、丢丢和小小》

183. 理查德·米歇尔《光屁股的大犀牛》

184. 奈杰尔·格雷《长大做个好爷爷》

185. 曼迪·斯坦利《小兔丝丝》（共 5 册）

186. 珊蒂·克雷文等"学会爱自己系列"（全 3 辑，共 14 册）

187. 爱丽努阿尔·凯莱尔等"聪明豆绘本系列"（第一至十三辑，

共 86 册）

188. 王早早"中国记忆：传统节日系列"（共 12 册）

……

第二学段 800 余本桥梁书目录

1. 我爱阅读（共 160 册）：黄色系列、红色系列、蓝色系列、橙色系列。

黄色系列：《小熊的新家》《调皮的爷爷》《如果我是老师》《可怕的盒子》《阁楼里的精灵》《女巫和机器人》《失踪的大象》《智斗绿眼龙》《完美公主》《如果我是兽医》《小心，西蒙来了》《正义的"小骑士"》《巨人学校》《女巫和推销员》《巫师的虱子》《爱丽丝的比赛》《屋顶上的足球》《楼梯间奇遇》《教室里的海盗》《沉睡国王的宝藏》《匆匆忙忙的女巫》《小佳德和精灵》《小幽灵去上学》《索尼娅的小秘密》《书包里的女巫》《午夜里的探险》《小矮人的学校》《神奇的魔杖》《新来的女生》《被识破的秘密》《淘气的小英雄》《识人魔法学校》《疯狂的母鸡运动员》《会飞的鞋子》《喷嚏先生和眼泪女士》……

红色系列：《我最好的朋友》《我的女巫生涯》《数字"三"的魔力》《奇怪的考试》《女巫的十三只猫》《男孩"复仇"记》《给老爸施一次魔法》《我爱足球》《班上的女巫》《小母鸡闯大祸》《不得不说的谎言》《玫瑰的阴谋》《奇特的和平使者》《面包师、水手和诗人》《说谎的男孩》《竞选风波》《特别的礼物》《住在47号的女巫》《爱上公主的画家》《维克多，你很棒》《诚实的男孩》《胡言乱语症》《小约翰和老巫婆》《小勇士贝贝》《彩色面条，我喜欢!》《巧克力的秘密》《魔法图书馆》《新朋友》《滑稽的"小丑"》《丢失的绿色背包》《马戏团演出》《夏令营风波》《不许叫我"小土豆"》《怕小孩的叔叔》《双人滑冰鞋》……

蓝色系列：《恶狼，妖怪，快滚开!》《去北京演出的妈妈》《三颗"小露珠"》《小姑娘、狮子和老熊》《两个好朋友》《两个好朋友的争吵》《换个妈妈会怎样?》《天上掉下个小老鼠》《我是一只蓝色猫》《小霸王梅兰妮》《小女孩和狼》《不爱洗澡的小王子》《神奇的土豆泥》《装在口袋里的妈妈》《小魔怪的梦想》《小老鼠米克》《笨狼路路》《不会说不的老鼠》《害怕黑夜的女巫》《王后和十二个孩子》《给猪妈妈的惊喜》《女巫的惩罚》《有个性的女巫》《神秘的黑盒子》《妈妈生病了》《小狗侦探》《小猪一家去度假》《巧克力国王》《我的国王爸爸》《第一次当哥哥》《爱唱歌的妈妈》《两只小熊》《我爱妹妹》《空中邮递员》《小小陶艺师》《小老鼠要上学》《第六十六条咒语》《叽叽喳喳的小仙女》《爷爷，爷爷!》……

橙色系列：《穿越2064》《我讨厌哈利·波特》《美洲是我们的》《超级保姆》《风一样的男孩》《杂牌队伍》《不能说的秘密》《先生、太太与孤儿》《乔纳森的烦恼》《氯化物大妈》《疯狂机器人》《巫师家族》《这不是世界末日》……

2. "和爸爸妈妈一起读系列"（共8册）　［德］帕特西亚·施罗德

《小马波利》《狗狗的假期》《龙伙伴》《海盗的女儿》《美人鱼的秘密》《鲁迪骑士的城堡》《勇气训练》《绿茵场上的对手》

3. "启发童话小巴士系列"（共5册）［日］中川千寻等

《养天使的方法》《无聊公主》《冰箱里的企鹅》《好忙好忙的动物医院》《切洛努普的狐狸》

4. "小橘灯桥梁书系列"（共7册）［德］克劳斯·鲍姆加特等

《开学第一天》《谁折断了友谊树》《午夜大餐》《一个人去灯笼岛》《野外露营历险记》《我来当小丑》《寻找圣诞老人》

5. "科学桥梁书——神奇校车系列"（共52册）［美］乔安娜·柯尔

6. "世界经典桥梁书系列"（共20册）［西］拉蒙·加西亚·多明盖斯

《不一样的手》《毛毛虫佩里柯品》《云端之上》《纸村庄》《森林小城》《星星耳环》《风小子的旅行》《第一百号海龟》《蛇鼻子》《想高飞的猫》《招聘小伙伴》《不可思议的小乌鸦》《骑士小弗洛里安》《吻之书》《犀牛？什么犀牛？》《撒哈拉女孩穆娜》《名叫"瞬间"的鹦鹉》《米卡艾拉不会玩》《我的伙伴杰贝》《穿靴子的小羊》

7. "字的童话系列"（共7册）　林世仁

《英雄小野狼》《信精灵》《怪博士的神奇照相机》《巴巴国王变变

变》《十二声笑》《福尔摩斯新探案》《小巫婆的心情夹心糖》

8. "中国百年文学经典桥梁书系列"（共9册）

《故乡 阿长与〈山海经〉 风筝》《百草园 三味书屋 社戏》《城南旧事》《白鹅 忆儿时 小桔灯》《春 荷塘月色 匆匆》《哦，香雪 鱼化石 乌鸦歌》《羊舍一夕 稻草人 胆小鬼》《半夜鸡叫 荷花淀 小英雄雨来》《古代英雄的石像 蜘蛛 猪八戒吃西瓜》

9. "洋葱头幽默童话系列"（共5册）［意］罗大里

《爱丽丝历险记》《锤王马克麦克1》《锤王马克麦克2》《动物界的故事1》《动物界的故事2》

10. "儿童情感启蒙故事系列"（共7册）［韩］李贤周等

《小蜜蜂的礼物》《便宜卖我弟弟》《谁来到了空房子》《大米饭麦饭》《我不玩儿了》《老老鼠、老爷爷》《珠子丢了》

11. "贝贝熊桥梁书系列"（共11册）［美］斯坦·博丹

《小小足球星》《灯塔闹鬼记》《超级狗狗秀》《拜拜坏小子》《呆呆傻傻熊》《天才小呆瓜》《校服风波》《超级女后卫》《超酷熊奶奶》《小美女邦妮》《拯救行动》

12. "儿童行为启蒙系列"（共6册）［德］迈耶·雷曼·舒尔策

《新来的小朋友》《学做饭》《玛拉上厕所》《去敬老院》《去游泳》《老师的脚骨折了》

13. "管家猫童话系列"（共4册）［日］竹下文子

《家里来了管家猫》《管家猫送手绢》《管家猫过圣诞节》《做个有

用的管家猫》

14. "超级姥姥和淘气包系列"（共3册）[德]梅尔斯

《姥姥，别生气！》《姥姥，陪我玩！》《姥姥，我爱你！》

15. "阅读123系列"（共20册）林哲璋等

《屁屁超人》《屁屁超人与飞天马桶》《屁屁超人与直升机神犬》《真假小珍珠》《小小哭霸王》《我家有个乌龟园》《我家有个花·果·菜·园》《我家有个游乐园》《企鹅热气球》《换换书》《小火龙棒球队》《小火龙便利商店》《火龙家庭故事集》《天下第一龙》《虫来没看过》《象什么……》《危险！请不要按我》《鲤鱼变》《叶限》《板桥三娘子》

16. "迪士尼经典桥梁书系列"（共5册）

《仙蒂公主·甜蜜的"麻烦"》《贝儿公主·古堡密语大追踪》《茉莉公主·最后一枚金币》《爱丽儿公主·回到昨天》《爱洛公主·惊喜派对》

17. "冰波桥梁书系列"（共20册）

《再次上当阿笨猫》《总爱捣蛋大嘴蛙》《怪物咕吧》《长颈鹿拉拉》《长头发狮子》《大嘴巴河马》《长尾巴小猴》《超级能力小魔豆》《红蜻蜓，红蜻蜓》《孤独的小螃蟹》《花背小乌龟》《城里来了大肚狼》《机械手》《舞会》《最苦的人》《动人的吉他》《井盖》《食品放大机》《奇怪的外星人》《大富翁》

18. "桥梁书·开心读——方素珍系列"（共5册）

一、我家部分藏书

《真假小珍珠》《你想当国王吗》《没有彩虹的怪兽村》《神奇剪刀咔嚓咔嚓》《外公的女朋友》

19．"神奇动物剧场系列"（共6册）［比］皮埃尔·柯兰

《埃莉诺，大声唱!》《西奥，真棒!》《丁卡———一只爱思考的猫》《想飞的卢米拉》《杂技明星汉尼拔》《冒险家马里卡》

20．"魔幻火车系列"（共5册）［德］格林

《恐龙王国之旅》《森林发现之旅》《海豚王国之旅》《海盗船之战》《骑士比武大会》

21．"星星狐职业体验故事系列"（共4册）

《星星狐的新魔法》《星星狐的奇遇》《星星狐对战坏女巫》《星星狐拯救魔法森林》

22．"大嘴鲸桥梁书系列"（共5册）程婧波

《微笑的粉红色大象》《缝果匠和大嘴鲸》《你知道姜饼人吗?》《雪人》《瑞恩的井》

23．"好孩子幼小衔接桥梁书系列"（共15册）段立欣

《魔笛》《金鸡的故事》《大克劳斯与小克劳斯》《阿拉丁神灯》《阿里巴巴和四十大盗》《小弟弟和小姐姐》《坚定的锡兵》《野天鹅》《老头子永远是对的》《打火匣》《穿靴子的猫》《美女与野兽》《快乐王子》《三只小猪》《巨人花园》

24．"咬咬书系列"（共40册）［澳］谢瑞尔·克拉克等

第一级轻轻咬：《左手右手捣蛋鬼》《小海盗历险记》《和猩猩换个

家》《魔力雪人》《甜饼失踪案》《萨米与神灯精灵》《养只恐龙当宠物》《今天谁当发型师》《蒂莉的宝贝》《非常宠物"猫"》

第二级小口咬：《"狼"小姐勇斗仨小"猪"》《恶作剧耍了谁》《藏在瓶子里的妹妹》《放屁大王》《弗兰克不会笑》《狗狗上学堂》《秘密俱乐部》《胖女孩的芭蕾梦》《丘比特有点烦》《维京勇士小墨》

第三级大口咬：《淘气包撞到"吸血鬼"》《我的小象普奇》《鸭子有难》《不一样的角斗士》《天才小画家》《杰玛的秘密冒险》《那天我10岁》《家有鬼精灵》《舞狮鼓手》《小鱼回家记》

第四级使劲咬：《梦中小屋》《超时空对决》《只许一个愿》《非常假期》《日落大盗的宝藏》《我的臭雪貂朋友》《乔茜寻宝记》《马儿亲亲》《索菲的梦想》《独木舟漂流记》

25. "玛蒂娜全辑系列"（共40册）[比]吉贝尔·德莱雅

《玛蒂娜的校园生活》《玛蒂娜和走失的小狗》《玛蒂娜的星期三》《玛蒂娜和流浪猫》《玛蒂娜乘热气球旅行》《玛蒂娜和有趣的幽灵》《玛蒂娜学做厨师》《玛蒂娜和神秘礼物》《玛蒂娜参加古装游艺会》《玛蒂娜骑车遇险》《玛蒂娜当保姆》《玛蒂娜的新发现》《玛蒂娜学画画》《玛蒂娜和小马》《玛蒂娜在花园里》《玛蒂娜学骑车》《玛蒂娜的帆船夏令营》《玛蒂娜学烧菜》《玛蒂娜游花卉节》《玛蒂娜过生日》《玛蒂娜发现诺亚方舟》《玛蒂娜漫游奇境记》《玛蒂娜学芭蕾》《玛蒂娜学游泳》《玛蒂娜的春夏秋冬》《玛蒂娜生病了》《玛蒂娜雨中历险》《玛蒂娜给妈妈的礼物》《玛蒂娜的生日礼物》《玛蒂娜的怪邻居》《玛

蒂娜在森林里》《玛蒂娜学音乐》《玛蒂娜和小雪貂》《玛蒂娜的溜冰鞋》《玛蒂娜坐火车》《玛蒂娜在姨妈家》《玛蒂娜和小毛驴》《玛蒂娜和小麻雀》《玛蒂娜的漂亮舞裙》《玛蒂娜搬家》

26. "神奇女孩卡洛琳系列"（共24册）［法］皮埃尔·普罗布斯特

《第一次拍电影》《尼斯湖幽灵的遗愿》《豪华游轮海上之旅》《小狗国与巨猫岛》《印度丛林搜寻记》《拆迁和搬家》《马戏表演团》《小小侦探家》《海边的假期》《蓝湖度假记》《在农场的一天》《修葺乡间小屋》《复活节的外星猫》《高山上的冰雪运动》《狂欢节彩车大游行》《圣诞节的星星公爵》《三王朝圣饼的惊喜》《魔法药水和神奇菜园》《难忘的巴黎之旅》《神秘的猫化石》《时空大穿越》《自行车之旅》《骑马惊魂记》《朋友大派对》

27. "花袜子小乌鸦成长故事系列"（共8册）［德］莫斯特

《全都是我的！花袜子的夺宝秘诀》《全都不许做！花袜子的特别训练》《全都没关系！花袜子的倒霉朋友》《全都有名字！花袜子的姓名来历》《全都去做客！花袜子的善意谎言》《全都别吵了！花袜子的开心妙计》《全都会害怕！花袜子的恐怖之夜》《全都很勇敢！花袜子的古堡历险》

28. "老鼠记者系列"（共50册）［意］斯蒂顿

《杰罗尼摩的欢乐假期》《真要命的旅行》《古堡鬼鼠》《神勇鼠智胜海盗猫》《蒙娜丽鼠密码》《鼠胆神威》《夺面双鼠》《吝啬鼠城堡》

《绿宝石眼之谜》《奶酪金字塔的魔咒》《黑暗鼠家族的秘密》《喜马拉雅山雪怪》《地铁幽灵》《我为鼠狂》《恐怖万圣节》《老鼠也疯狂》《雪地狂野之旅》《失落的红宝石》《夺宝奇鼠》《猛鬼猫城堡》《海盗岛探宝》《尼亚加拉瀑布之旅》《无名木乃伊》《环保鼠勇闯澳洲》《足球鼠疯狂冠军杯》《特工鼠00K》《玩转疯鼠马拉松》《寻找失落的斯蒂顿》《牛仔鼠勇闯西部》《大漠寻宝记》《沙漠壮鼠训练营》《寻画大追踪》《阴险鼠幽灵计划》《湖水消失之谜》《奥运金牌鼠》《"音乐海盗"大追踪》《非凡圣诞节》《小丑鼠的阴谋》《智取疯鼠谷》《拯救大白鲸》……

29."不一样的卡梅拉系列"（共14册）［法］克利斯提昂·约里波瓦

《我想去看海》《我想有颗星星》《我想有个弟弟》《我去找回太阳》《我爱小黑猫》《我能打败怪兽》《我要找到朗朗》《我不要被吃掉》《我好喜欢她》《我要救出贝里奥》……

30."呼噜哈啦小浣熊系列"（共9册）［阿根廷］加布列拉·科塞尔曼

《我想要一个噩梦》《今天是我的生日》《我的羽毛！我的羽毛！》《有东西跟着我》《行行好，送我一个朋友吧！》《我们真的无聊透啦！》《求求你，快去睡觉吧！》《是我的！都是我的！》《黄金面具挑战赛》

31."超级冒险王系列"（共14册）［澳］安娜等

《扎西和巨人》《骑天鹅来的扎西》《幽灵的秘密》《巧遇神灯精

灵》《吃人女巫芭芭雅嘎》《智斗恶魔》《臭屁大王》《神奇的红宝鞋》《鬼屋惊魂》《古墓奇缘》《死里逃生》《智擒蓝胡子》《巴士抢劫案》《狮面怪兽》

32. "莎拉公主小说系列"（共8册）［澳］莫代斯蒂·T. 斯特里特利特尔

《曾祖母的来信》《温暖的龙卷风》《谁是小偷》《老师的秘密》《爸爸失踪了》《意外的奖章》《我要做小伴娘》《妈妈肚子里的宝》

33. "马洛丽成长记系列"（共14册）［美］劳丽·弗里德曼

《我不想搬家》《开学了》《哥哥要养狗狗》《生日快乐》《小小生意经》《秘密日记》《烦恼的航线》《不经意的谎言》《第一次夏令营》《违反新班规》《旅行日记》《新年快乐》《环保行动》《成了小明星》

34. "拉塞—玛娅侦探所系列"（第一辑，共10册）［瑞典］马丁·维德马克

《钻石谜案》《宾馆谜案》《火车谜案》《报纸谜案》《校园谜案》《黄金谜案》《马戏团谜案》《咖啡馆谜案》《木乃伊谜案》《电影院谜案》

35. "小熊帕丁顿系列"（共6册）［英］邦德

《影院历险》《魔法蜗牛餐》《帕丁顿抓小偷》《绿爪子》《海边侦探》《蒸发魔法》

36. "狐狸福斯和兔子哈斯系列"（共5册）［比］西尔菲亚·范登·海德

《邻居奥利》《一个蛋的来历》《去小岛旅行》《坏蛋雅克的计划》《苞谷还是布谷》

37. "狮子历险记系列"（共5册）［德］马克斯·克鲁塞

《狮子出逃》《乘飞毯的狮子》《好一声狮吼》《狮子海上历险》《胖狮子归来》

38. "海盗船长系列"（共7册）［英］约翰·瑞恩

《海盗船长帕格沃什》《海盗船长高空历险记》《海盗船长与幽灵船》《海盗船长小岛奇遇记》《海盗船长与海怪》《海盗船长与走私船》《海盗船长与宝藏》

39. "弗朗兹的故事系列"（共8册）［奥］克里斯蒂娜·涅斯特林格

《弗朗兹的故事》《弗朗兹的校园故事》《弗朗兹的假期故事》《弗朗兹的亲情故事》《弗朗兹的心情故事》《弗朗兹和动物的故事》《弗朗兹的奇趣故事》《弗朗兹和足球的故事》

40. "斯凯瑞双语阅读系列"（共10册）［美］理查德·斯凯瑞

《小屁孩儿二三事》《馅饼炮弹》《帮倒忙》《消防员斯莫奇》《小小鸟》《修修小姐》《侦探斯尼夫》《小心脚下，兔子先生》《哈里和拉里》《小屁孩儿，咯咯笑》

41. "淘气狗克劳德历险记系列"（共3册）［英］亚历克斯·T·史密斯

《城市历险记》《度假历险记》《马戏团历险记》

42. "布尔和比利系列"（第一辑，共6册）［比］罗巴

《爸爸妈妈那些事儿》《小孩子那些事儿》《小狗自己那些事儿》《动物们那些事儿》《开怀一笑那些事儿》《环球旅行那些事儿》

43. "小芙和小莎—小姐妹奇妙知识课系列"（共5册）［法］贝阿特丽丝·鲁尔

《我也想变眼镜妹》《恐龙尾巴动不得》《大象小姐学水记》《小小跟屁狗》《虱子，再见》

44. "小妖怪童话系列"（共10册）［日］角野荣子

《可怕的咖喱饭》《好玩儿的比萨饼》《会变形的汉堡包》《种出来的意大利面条》《我要当明星厨师》《圣诞老人你别走》《超级理发师》《神奇小保姆》《我爱唱歌》《我要上学》

45. "小猪梅西系列故事"（共5册）［美］凯特·迪卡米洛

《小猪梅西救难》《小猪梅西飞车》《小猪梅西抓小偷》《小猪梅西扮公主》《小猪梅西脱险记》

46. "小狐狸的故事系列"（共5册）［日］森山京

《黄色小水桶》《宝贝飞呀飞》《吊桥摇呀摇》《终于见到她》《只有我知道》

47. "神奇树屋系列"（共34册）［美］玛丽·奥斯本

《恐龙谷历险记》《迷雾中的骑士》《木乃伊之谜》《海盗的藏宝图》《忍者的秘密》《亚马孙大冒险》《冰原上的剑齿虎》《月球之旅》《与海豚共舞》《幽灵镇的牛仔》《非洲草原逃生记》《可爱的北极熊》

《古城末日》《古墓惊魂夜》《维京船大逃离》《古奥运的冒险》《泰坦尼克号惊魂夜》《印第安冒险》《丛林惊奇》《解除魔咒》《星期天的南北战争》《遇见总统》《恐怖龙卷风》《绝命大地震》《仲夏夜惊梦》《早安！金刚》《感恩节奇遇》《逐浪夏威夷》《魔法国的圣诞节》《万圣节前夜的灵异城堡》《夏日海怪》《寒冰巫师》《烛光嘉年华》《可怕的沙尘暴》

48."尼可—小淘气变身英雄记系列"（共14册）［法］于贝尔·本·凯蒙

《爸爸是北极英雄》《报告老师》《杯子杯子我几岁》《尼可的小小心事》《天天足球俱乐部》《我在伦敦迷了路》《总统驾到》《神秘的小收藏家》《谁偷了我的夹克》《像青蛙一样游来游去》《谁说我是胆小鬼》《木屋里的秘密居民》《没完没了的狂欢节》《我是你们亲生的吗》

49."小孩童大视界系列"（共5册）［加］凯蒂·史密斯·米尔韦等

《一只母鸡改变一个国家》《不可思议的水井》《假如地球是个100人的村庄》《我特别特别想当国王》《一棵神奇的生命树》

50."大人不知道的小秘密系列"（共12册）［加］吉奈特·安芙丝

《皮丘》《捉迷藏》《熊猫眼》《出水痘》《洗澡》《七点钟先生》《上学啦》《生日猫》《小妹妹》《赌气》《猜猜看》《冒险》

51."变色龙系列"（共20册）［英］卡伦·华莱士

《邓肯和海盗》《松鼠埃尔维斯》《秃头巨人找老婆》《小怪物马克斯》《好吃的松脆小积木》《乱七八糟的小熊米洛》《超级狗斯坦》《足球迷罗里》《海盗船长的秘密》《大侦探歇洛克·鳄鱼先生》《鳄鱼先生玩摇滚》《艾丽斯上北极》《艾丽斯上好莱坞》《耶蒂家的赫蒂》《这是恐狗狗》《鬼赛球的故事》《龙尼寻宝记》《自以为是歌王的猫》《艾丽斯最有办法》《托比和他的铁皮旧澡盆》

52. "'我长大了'儿童情感启蒙故事系列"（共7册）［韩］李贤周等

《小蜜蜂的礼物》《便宜卖我弟弟》《谁来到了空房子》《大米饭麦饭》《我不玩儿了》《老老鼠、老爷爷》《珠子丢了》

53. "我长大了"儿童行为启蒙故事系列（共6册）［德］迈耶·雷曼·舒尔策

《新来的小朋友》《学做饭》《玛拉上厕所》《去敬老院》《去游泳》《老师的脚骨折了》

54. "牛侦探艾玛系列"（共6册）［意］彼得·考伯克

《狼族的命运》《冰缝里的迷宫》《驶向黑暗的火车》《没有刻度的钟》《圆环谷的小矮人》《绿松石的诅咒》

55. "塞姆—小勇士奇幻事件簿系列"（共10册）［法］于贝尔·本·凯蒙

《魔法气象牌》《绿色变形记》《飞去来器的奇袭》《影子的惩罚》《丛林惊魂记》《雪球逃生记》《麦片盒里的水怪》《测泉叉的秘密》

《铜像回家记》《勇敢者的棋局》

56. "成长的烦恼图画书系列"（共19册）[美] 南希·卡尔森

《想象自己很高》《小猪劳安之神秘的情人节礼物》《小猪劳安之完美的一家》《小猪劳安与选拔赛》《小猪劳安与女巫》《大嘴乔治与跑步比赛》《大嘴乔治与短号》《大嘴乔治去钓鱼》《大嘴乔治与新邻居》《大嘴乔治与六年级恶霸》《大嘴乔治挣零用钱》《这不是我的错》《哈蕾特与云霄飞车》《哈蕾特与小宝贝沃特》《哈蕾特的万圣节糖果》《哈蕾特与花园》《哈蕾特的舞蹈表演》《多多微笑》《快乐起来》

57. "三个丹尼斯系列"（共6册）[奥] 魏拉·菲拉·米库拉

《丹尼斯的宝贝老鼠》《丹尼斯家的客人》《捣蛋鬼丹尼斯》《老丹尼斯和大丹尼斯和小丹尼斯》《生日快乐！小丹尼斯》《薇罗妮卡！薇罗妮卡！薇罗妮卡！》

58. "'地平线那边住着谁？'系列"（共4册）[日] 岩佐

《我是住在非洲的长颈鹿》《我是生活在哎呀岛的酷宝》《哎呀岛的赛伊，你好吗？》《我是生活在海带林的吧嗒吧嗒》

59. "大森林·小社会系列"（共8册）[日] 舟崎靖子 等

《几何构造的蛋糕》《种子和花的银行》《古怪冰激凌》《好"吃"的书》《会"跑"的床单》《水下自行车》《奇妙牙医诊所》《神奇大比萨》

60. "小达尔文爱自然系列"（共8册）英娃

《神秘的鸟蛋》《波斯猫的新年舞会》《小麻雀的项链》《大耳朵的

乡村音乐》《蚯蚓波波和小杜鹃》《希望树》《河王的魔法旅行袋》《驼背鱼》

61. "无奇不有魔法学校系列"（共12册）王文华

《阿吉的愿望》《阿里胖光》《爆炸了蜂蜜》《饭粒花公主》《狒狒的面具店》《老鼠大发的新家》《三十九条鳄鱼》《石头鱼乐园》《天大地大的大秘密》《王大嘴有对长耳朵》《压岁钱咕噜咕噜滚了》《一个很久很久以后的故事》

62. "悠悠和伙伴们的校园生活系列"（共12册）［美］罗斯玛丽·威尔斯等

《妈妈不要走》《给我讲故事》《等我长大了》《交个新朋友》《朵朵的恐龙》《泡泡糖雷达》《熟能生巧》《病菌杀手》《我演校园剧》《万圣节游行》《秘密生日会》《情人节贺卡》

63. "小猪兄妹系列"（共12册）［美］吉恩·范·莱文

《小猪奥利弗的故事》《小猪奥利弗的更多故事》《小猪阿曼达的故事》《小猪阿曼达的更多故事》《奥利弗、阿曼达和姥姥的故事》《阿曼达上学喽》《阿曼达和她最好的朋友棒棒糖》《小猪阿曼达和她的哥哥奥利弗》《阿曼达碰上了好吓人好可怕的怪兽》《阿曼达独自一个人玩》《好热好热的一天》《漫天的大雪》

64. "故事奇想树系列"（共9册）赖晓珍等

《狐狸的钱袋》《妖精老屋》《八卦森林》《用点心学校》《神奇扫帚出租中》《老师丢丢脸》《流星没有耳朵》《再来仙岛夏令营》《柿子

色的街灯》

……

第三学段纯文字经典童书书目

1. "有趣的哲学启蒙书系列"（共50册）[韩] 康英启等

《孔子：仁爱与礼仪的故事》《苏格拉底：智慧与无知的故事》《亚里士多德：道德与幸福的故事》《伊壁鸠鲁：快乐与痛苦的故事》《柏拉图：正义与真理的故事》《老子：谦逊与宽容的故事》《伏羲：对立与统一的故事》《毕达哥拉斯：数与世界的故事》《奥古斯丁：关爱与感恩的故事》《马基亚维利：尊重与信赖的故事》《墨子：平等与博爱的故事》《荀子：善良与邪恶的故事》《培根：真实与假相的故事》《王守仁：修身与律己的故事》《周敦颐：宇宙与人类的故事》《韩非子：奖励与惩罚的故事》《孟子：行为与责任的故事》《芝诺：推理与证明的故事》《庄子：专一与忘我的故事》《托马斯·阿奎那：知识与信仰的故事》《叔本华：快乐与痛苦的故事》《费尔巴哈：物质与精神的故事》《康德：想象与认知的故事》《孔德：家庭与社会的故事》《尼采：生存与意志的故事》《斯宾诺莎：克制与放纵的故事》《朱熹：人类与自然的故事》《笛卡尔：思考与判断的故事》《卢梭：自然与天性的故事》《边沁：幸福与利益的故事》《胡塞尔：现象与本质的故事》《狄尔泰：理解与体验的故事》《马克斯·韦伯：领导与能力的故事》《福柯：权利与自由的故事》《海德格尔：独立与依附的故事》《马克

思：劳动与财富的故事》《彼得·辛格：动物与人类的故事》《杜威：探索与实验的故事》《罗素：信息与知识的故事》《马丁·路德：宽恕与惩罚的故事》《帕斯卡：伟大与渺小的故事》《荣格：心灵与人格的故事》《萨特：自由与选择的故事》《亚当·斯密：经济与国家的故事》《埃里希·弗罗姆：爱与成长的故事》《霍布斯：贪婪与知足的故事》《黑格尔：发展与完善的故事》《乔治·贝克莱：感知与存在的故事》《弗洛伊德：梦境与现实的故事》《爱德华·霍列特·卡尔：历史与真相的故事》。

2. "《昆虫记》系列"（共10册）［法］法布尔

《高明的杀手》《树莓桩中的居民》《石峰的苦难》《蜂类的毒液》《螳螂的爱情》《松毛虫的行进行列》《蓑蛾的保护层》《昆虫的几何学》《圆网蛛的电线报》《昆虫与蘑菇》。

3. "凡尔纳科幻经典系列"（共11册）［法］儒勒·凡尔纳

《八十天环游地球》《太阳系历险记》《气球上的五星期》《十五岁的小船长》《从地球到月球》《神秘岛（上、下）》《格兰特船长的儿女（上、下）》《地心游记》。

4. 《吴姐姐讲历史故事》（共15册）吴涵碧

5. "百年百部儿童文学经典书系"叶圣陶等

叶圣陶《稻草人》、冰心《寄小读者》、张天翼《宝葫芦的秘密》、严文井《"下次开船"港》、金近《狐狸打猎人的故事》、黄庆云《奇异的红星》、管桦《小英雄雨来》、金江《乌鸦兄弟》、子敏《小太

阳》、洪汛涛《神笔马良》、柯岩《帽子的秘密》、邱勋《微山湖上》、金波《推开窗子看见你》、林焕彰《妹妹的红雨鞋》、张之路《第三军团》、董宏猷《一百个中国孩子的梦》、高洪波《我喜欢你,狐狸》、沈石溪《狼王梦》、周锐《拿苍蝇拍的红桃王子》、曹文轩《草房子》、秦文君《男生贾里》、黄蓓佳《我要做好孩子》、冰波《窗下的树皮小屋》、常新港《独船》、彭学军《你是我的妹》、陈伯吹《一只想飞的猫》、郭风《孙悟空在我们村里》、任溶溶《给巨人的书》、任大星《三个铜板豆腐》、郑文光《飞向人马座》、任大霖《蟋蟀》、葛翠琳《野葡萄》、孙幼军《小布头奇遇记》、刘厚明《黑箭》、韩辉光《校园喜剧》、樊发稼《春雨的悄悄话》、刘先平《大熊猫传奇》、张秋生《小巴掌童话》、吴然《天使的花房》、金曾豪《苍狼》、王宜振《少年抒情诗》、桂文亚《班长下台》、梅子涵《女儿的故事》、谢武彰《赤脚走过田野》、班马《巫师的沉船》、李潼《少年噶玛兰》、刘健屏《今年你七岁》、张品成《赤色小子》、郑春华《大头儿子和小头爸爸》、汤素兰《阁楼精灵》、颜一烟《盐丁儿》、叶君健《真假皇帝》、贺宜《小公鸡历险记》、林海音《城南旧事》、包蕾《猪八戒新传》、杲向真《小胖和小松》、吴梦起《老鼠看下棋》、圣野《欢迎小雨点》、鲁兵《下巴上的洞洞》、萧平《三月雪》、宗璞《宗璞童话》、赵燕翼《小燕子和它的三邻居》、李心田《闪闪的红星》、沈虎根《小师弟》、鹿子《遥遥黄河源》、苏叔阳《我们的母亲叫中国》、夏有志《普来维梯彻公司》、叶永烈《小灵通漫游未来》、诸志祥《黑猫警长》、李凤杰《针眼里逃出的

一、我家部分藏书

生命》、葛冰《大脸猫·小糊涂神》、郑允钦《吃耳朵的妖精》、孙云晓《16岁的思索》、杨红樱《寻找快活林》、祁智《芝麻开门》、丰子恺《少年音乐和美术故事》、高士其《我们的土壤妈妈》、袁静《小黑马的故事》、胡奇《五彩路》、袁鹰《时光老人的礼物》、徐光耀《小兵张嘎》、田地《我爱我的祖国》、于之《小麋鹿学本领》、刘兴诗《美洲来的哥伦布》、杨啸《小山子的故事》、谷应《从滇池飞出的旋律》、李建树《蓝军越过防线》、北董《青蛙爬进了教室》、罗辰生《"大将"和美妞》、刘保法《中学生圆舞曲》、肖复兴《青春奏鸣曲》、竹林《竹林村的孩子们》、徐鲁《我们这个年纪的梦》、张洁《敲门的女孩子》、薛涛《随蒲公英一起飞的女孩》、殷健灵《纸人》、鲁迅等《从百草园到三味书屋——现代儿童文学选》、阮章竞等《金色的海螺——当代儿童文学选》、庄之明等《新星女队一号——当代儿童文学选》左泓《危险的森林》

6. "小木屋系列"（共9册）[美]罗兰·英格斯·怀德

《草原上的小木屋》《大森林里的小木屋》《农庄男孩》《草原小镇》《在梅溪边》《好长的冬天》《快乐的金色年代》《新婚四年》《银湖岸边》。

7. "当代外国儿童文学名家埃里希·凯斯特纳作品系列"（共8册）[德]埃里希·凯斯特纳

《5月35日》《动物会议》《袖珍男孩儿和袖珍小姐》《袖珍男孩儿》《埃米尔和三个孪生子》《埃米尔擒贼记》《两个小洛特》《小不点

和安东》

8."国际大奖小说系列"（共70册）

《爱的故事》《桥下一家人》《狗来了》《夏日历险》《神秘的公寓（全二册）》《呐喊红宝石》《爱德华的奇妙之旅》《外公是棵樱桃树》《一百条裙子》《蒂莉阿姨的魔法箱》《时代广场的蟋蟀》《喜乐与我》《最后一块拼图》《幸福来临时》《威斯汀游戏》《钢琴小精灵》《菲斯的秘密》《真正的贼老鼠阿贝漂流记》《海蒂的天空（全二册）》《偷莎士比亚的贼》《企鹅的故事》《马提与祖父》《动物大逃亡》《帅狗杜明尼克》《傻狗温迪克》《亲爱的汉修先生》《小巫婆求仙记》《塔克的郊外》《苦涩的巧克力》《女水手日记》《浪漫鼠德佩罗》《苹果树上的外婆》《橡树上的逃亡（全二册）》《爱丽莎的眼睛（全二册）》《风之王》《小河男孩》《电话里的童话》《蓝色的海豚岛》《尼瑙克山探险》《人间有晴天》《雷梦拉与爸爸》《山居岁月》《贝丝丫头》《黑珍珠》《思黛拉街的新鲜事》《屋顶上的小孩》《罗伯特的三次报复行动》《雷梦拉八岁》《兔子坡》《银顶针的夏天》《金龟虫在黄昏飞起》《爱丽莎的眼睛》《绿拇指男孩》《梦幻飞翔岛》《宠物猫咪鲁·杰克逊》《洋葱头历险记》《天使雕像》《魔法灰姑娘》《五毛钱的愿望》《波普先生的企鹅》《小女巫艾米》《乌鸦人阿凡思》《爱上读书的妖怪》……

9."双桅船经典童书系列"（共50册）

《精灵鼠小弟》《吹小号的天鹅》《快乐王子》《寻宝六人组合》《闯祸的快乐少年》《想做好孩子》《愿望潘趣酒》《假话国历险记》

《格林童话》《地板下的小人》《柳树间的风》《小鹿班比》《狗和精灵的童话》《傻瓜城的故事》《小王子》《比比扬奇遇记》《绿野仙踪》《铁路边的孩子们》《木偶奇遇记》《吹牛大王历险记》《金钥匙》《秘密花园》《莫吐儿传奇》《小拉格尔斯奇遇记》《水孩子》《骑士降龙记》《阿丽萨外星历险记》《小公主》《尼尔斯骑鹅旅行记》《贵族爷爷和平民孙子》《鲁滨孙漂流记》《爱的教育》《苦儿流浪记》《北风的背后》《穆尔克国的故事》《怪医杜立特历险记》《金银岛》《维尼熊历险记》《不老泉》《名叫彼得的狼》《汤姆·索亚历险记》《咬核桃小人和老鼠国王》《隐身人》《睡美人》《豪夫童话》《勇敢的船长》《狼王洛波》《银河铁道之夜》《白鹦鹉的森林》《小飞侠彼得·潘》

10. "蒲公英国际大奖小说系列"（共6册）

《淘气的阿柑》《繁梦大街26号》《汉娜的手提箱》《凯蒂的幸福时光》《玩具历险记》《松饼屋的异想世界》

11. "世界奇幻文学大师精品系列"（共8册）［芬兰］托芙·扬松

《木民爸爸的回忆录》《木民谷的彗星》《木民谷的夏天》《木民爸爸的海上探险记》《看不见的小妞》《木民谷的冬天》《十一月的木民谷》《魔法师的帽子》

12. "彩乌鸦系列"（共20册）

《火鞋与风鞋》《公猫拿破仑》《爱心企鹅》《我和小姐姐克拉拉》《跑猪噜噜》《小女巫》《小幽灵》《人鸦》《本爱安娜》《小鬼儿》《小水精》《香草女巫》《弗朗兹的故事》《火车老鼠》《汪汪先生》《出走

的泰奥》《兰心的秘密》《德国，一群老鼠的童话》《妈妈走了》《文身狗》

13. "彩乌鸦中文原创系列"（共 20 册）

《俄罗斯娃娃的秘密》《小绿人》《轮子上的麦小麦》《弯弯》《烟囱下的孩子》《阁楼上的精灵》《你是我的妹》《奔跑的女孩》《想当海盗的兔子》《草地牧羊犬》《乌凤和赤莲》《我是白痴》《开出租的狐小小》《谷子遇见豆子》《红猫》《大声公》《冬天里的小号》《跑啊跑的程千里》《驯鹿牛仔裤》《铁猫咔咔咔》

……

【我们家人都会不停止地添加，因为好书天天有】

二、大家庭"百千万"本书阅读计划与记录

1. 家庭成员指：爸爸、妈妈及孩子，如果爷爷、奶奶、外公、外婆也愿意参加，更好。

2. 书的来源：自家的书柜上的书、图书馆借、自己到网上买、书店买、同学朋友互借、向老师借等。

3. 表格填写提醒

（1）称呼：A. 爸爸　B. 妈妈　C. 我　D. 哥哥　E. 弟弟　F. 姐姐　G. 妹妹　H. 爷爷　I. 奶奶　J. 外公　K. 外婆

（2）一句评书：A. 棒极了，太有创造力了，值得代代看　B. 还行，看完之后我还是有点小收获、小变化、小想法的　C. 一般，不建议后代读　D. 糟糕透了，世界上怎么会有这种书呢！

（3）与人交流：A. 交流了，我们就这本书说了很多，还写了读后感　B. 交流了，只是简单地说一说这本书的收获　C. 没有交流

大家庭百本书阅读存折

序号	称呼	书名与作者	时间	页数	一句评书	与人交流
1						
2						
3						
4						
5						
6						
7						
8						
9						
10						
11						
12						
13						
14						
15						
16						
17						
18						
19						

二、大家庭"百千万"本书阅读计划与记录

（续表）

序号	称呼	书名与作者	时间	页数	一句评书	与人交流
20						
21						
22						
23						
24						
25						
26						
27						
28						
29						
30						
31						
32						
33						
34						
35						
36						
37						
38						
39						
40						
41						
42						
43						
44						
45						
46						

（续表）

序号	称呼	书名与作者	时间	页数	一句评书	与人交流
47						
48						
49						
50						
51						
52						
53						
54						
55						
56						
57						
58						
59						
60						
61						
62						
63						
64						
65						
66						
67						
68						
69						
70						
71						
72						
73						

二、大家庭"百千万"本书阅读计划与记录

(续表)

序号	称呼	书名与作者	时间	页数	一句评书	与人交流
74						
75						
76						
77						
78						
79						
80						
81						
82						
83						
84						
85						
86						
87						
88						
89						
90						
91						
92						
93						
94						
95						
96						
97						
98						
99						
100						

（续表）

序号	称呼	书名与作者	时间	页数	一句评书	与人交流

我们全家读完100本书共用了_____（时间）；我们共读了_____页书，总字数达_____万字。我们写下的阅读感受有_____篇。

你们全家有没有继续读1000本的计划？_____准备从哪天开始？_____

大家庭千本书阅读存折

序号	称呼	书名与作者	时间	页数	一句评书	与人交流
1						
2						
3						
4						
5						
6						
7						
8						
9						
10						
11						
12						
13						
14						
15						
16						
17						
18						
19						
20						

二、大家庭"百千万"本书阅读计划与记录

(续表)

序号	称呼	书名与作者	时间	页数	一句评书	与人交流
21						
22						
23						
24						
25						
26						
27						
28						
29						
30						
31						
32						
33						
34						
35						
36						
37						
38						
39						
40						
41						
42						
43						
44						
45						
46						
47						

（续表）

序号	称呼	书名与作者	时间	页数	一句评书	与人交流
48						
49						
50						
51						
52						
53						
54						
55						
56						
57						
58						
59						
60						
61						
62						
63						
64						
65						
66						
67						
68						
69						
70						
71						
72						
73						
74						

二、大家庭"百千万"本书阅读计划与记录

（续表）

序号	称呼	书名与作者	时间	页数	一句评书	与人交流
75						
76						
77						
78						
79						
80						
81						
82						
83						
84						
85						
86						
87						
88						
89						
90						
91						
92						
93						
94						
95						
96						
97						
98						
99						
100						
101						

（续表）

序号	称呼	书名与作者	时间	页数	一句评书	与人交流
102						
103						
104						
105						
106						
107						
108						
109						
110						
111						
112						
113						
114						
115						
116						
117						
118						
119						
120						
121						
122						
123						
124						
125						
126						
127						
128						

二、大家庭"百千万"本书阅读计划与记录

(续表)

序号	称呼	书名与作者	时间	页数	一句评书	与人交流
129						
130						
131						
132						
133						
134						
135						
136						
137						
138						
139						
140						
141						
142						
143						
144						
145						
146						
147						
148						
149						
150						
151						
152						
153						
154						
155						

（续表）

序号	称呼	书名与作者	时间	页数	一句评书	与人交流
156						
157						
158						
159						
160						
161						
162						
163						
164						
165						
166						
167						
168						
169						
170						
171						
172						
173						
174						
175						
176						
177						
178						
179						
180						
181						
182						

二、大家庭"百千万"本书阅读计划与记录

(续表)

序号	称呼	书名与作者	时间	页数	一句评书	与人交流
183						
184						
185						
186						
187						
188						
189						
190						
191						
192						
193						
194						
195						
196						
197						
198						
199						
200						
201						
202						
203						
204						
205						
206						
207						
208						
209						

（续表）

序号	称呼	书名与作者	时间	页数	一句评书	与人交流
210						
211						
212						
213						
214						
215						
216						
217						
218						
219						
220						
221						
222						
223						
224						
225						
226						
227						
228						
229						
230						
231						
232						
233						
234						
235						
236						

二、大家庭"百千万"本书阅读计划与记录

（续表）

序号	称呼	书名与作者	时间	页数	一句评书	与人交流
237						
238						
239						
240						
241						
242						
243						
244						
245						
246						
247						
248						
249						
250						
251						
252						
253						
254						
255						
256						
257						
258						
259						
260						
261						
262						
263						

（续表）

序号	称呼	书名与作者	时间	页数	一句评书	与人交流
264						
265						
266						
267						
268						
269						
270						
271						
272						
273						
274						
275						
276						
277						
278						
279						
280						
281						
282						
283						
284						
285						
286						
287						
288						
289						
290						

二、大家庭"百千万"本书阅读计划与记录

（续表）

序号	称呼	书名与作者	时间	页数	一句评书	与人交流
291						
292						
293						
294						
295						
296						
297						
298						
299						
300						
301						
302						
303						
304						
305						
306						
307						
308						
309						
310						
311						
312						
313						
314						
315						
316						
317						

（续表）

序号	称呼	书名与作者	时间	页数	一句评书	与人交流
318						
319						
320						
321						
322						
323						
324						
325						
326						
327						
328						
329						
330						
331						
332						
333						
334						
335						
336						
337						
338						
339						
340						
341						
342						
343						
344						

二、大家庭"百千万"本书阅读计划与记录

（续表）

序号	称呼	书名与作者	时间	页数	一句评书	与人交流
345						
346						
347						
348						
349						
350						
351						
352						
353						
354						
355						
356						
357						
358						
359						
360						
361						
362						
363						
364						
365						
366						
367						
368						
369						
370						
371						

(续表)

序号	称呼	书名与作者	时间	页数	一句评书	与人交流
372						
373						
374						
375						
376						
377						
378						
379						
380						
381						
382						
383						
384						
385						
386						
387						
388						
389						
390						
391						
392						
393						
394						
395						
396						
397						
398						

二、大家庭"百千万"本书阅读计划与记录

（续表）

序号	称呼	书名与作者	时间	页数	一句评书	与人交流
399						
400						
401						
402						
403						
404						
405						
406						
407						
408						
409						
410						
411						
412						
413						
414						
415						
416						
417						
418						
419						
420						
421						
422						
423						
424						
425						

（续表）

序号	称呼	书名与作者	时间	页数	一句评书	与人交流
426						
427						
428						
429						
430						
431						
432						
433						
434						
435						
436						
437						
438						
439						
440						
441						
442						
443						
444						
445						
446						
447						
448						
449						
450						
451						
452						

二、大家庭"百千万"本书阅读计划与记录

（续表）

序号	称呼	书名与作者	时间	页数	一句评书	与人交流
453						
454						
455						
456						
457						
458						
459						
460						
461						
462						
463						
464						
465						
466						
467						
468						
469						
470						
471						
472						
473						
474						
475						
476						
477						
478						
479						

（续表）

序号	称呼	书名与作者	时间	页数	一句评书	与人交流
480						
481						
482						
483						
484						
485						
486						
487						
488						
489						
490						
491						
492						
493						
494						
495						
496						
497						
498						
499						
500						
501						
502						
503						
504						
505						
506						

二、大家庭"百千万"本书阅读计划与记录

（续表）

序号	称呼	书名与作者	时间	页数	一句评书	与人交流
507						
508						
509						
510						
511						
512						
513						
514						
515						
516						
517						
518						
519						
520						
521						
522						
523						
524						
525						
526						
527						
528						
529						
530						
531						
532						
533						

（续表）

序号	称呼	书名与作者	时间	页数	一句评书	与人交流
534						
535						
536						
537						
538						
539						
540						
541						
542						
543						
544						
545						
546						
547						
548						
549						
550						
551						
552						
553						
554						
555						
556						
557						
558						
559						
560						

二、大家庭"百千万"本书阅读计划与记录

(续表)

序号	称呼	书名与作者	时间	页数	一句评书	与人交流
561						
562						
563						
564						
565						
566						
567						
568						
569						
570						
571						
572						
573						
574						
575						
576						
577						
578						
579						
580						
581						
582						
583						
584						
585						
586						
587						

(续表)

序号	称呼	书名与作者	时间	页数	一句评书	与人交流
588						
589						
590						
591						
592						
593						
594						
595						
596						
597						
598						
599						
600						
601						
602						
603						
604						
605						
606						
607						
608						
609						
610						
611						
612						
613						
614						

二、大家庭"百千万"本书阅读计划与记录

（续表）

序号	称呼	书名与作者	时间	页数	一句评书	与人交流
615						
616						
617						
618						
619						
620						
621						
622						
623						
624						
625						
626						
627						
628						
629						
630						
631						
632						
633						
634						
635						
636						
637						
638						
639						
640						
641						

(续表)

序号	称呼	书名与作者	时间	页数	一句评书	与人交流
642						
643						
644						
645						
646						
647						
648						
649						
650						
651						
652						
653						
654						
655						
656						
657						
658						
659						
660						
661						
662						
663						
664						
665						
666						
667						
668						

二、大家庭"百千万"本书阅读计划与记录

(续表)

序号	称呼	书名与作者	时间	页数	一句评书	与人交流
669						
670						
671						
672						
673						
674						
675						
676						
677						
678						
679						
680						
681						
682						
683						
684						
685						
686						
687						
688						
689						
690						
691						
692						
693						
694						
695						

（续表）

序号	称呼	书名与作者	时间	页数	一句评书	与人交流
696						
697						
698						
699						
700						
701						
702						
703						
704						
705						
706						
707						
708						
709						
710						
711						
712						
713						
714						
715						
716						
717						
718						
719						
720						
721						
722						

二、大家庭"百千万"本书阅读计划与记录

（续表）

序号	称呼	书名与作者	时间	页数	一句评书	与人交流
723						
724						
725						
726						
727						
728						
729						
730						
731						
732						
733						
734						
735						
736						
737						
738						
739						
740						
741						
742						
743						
744						
745						
746						
747						
748						
749						

（续表）

序号	称呼	书名与作者	时间	页数	一句评书	与人交流
750						
751						
752						
753						
754						
755						
756						
757						
758						
759						
760						
761						
762						
763						
764						
765						
766						
767						
768						
769						
770						
771						
772						
773						
774						
775						
776						

二、大家庭"百千万"本书阅读计划与记录

(续表)

序号	称呼	书名与作者	时间	页数	一句评书	与人交流
777						
778						
779						
780						
781						
782						
783						
784						
785						
786						
787						
788						
789						
790						
791						
792						
793						
794						
795						
796						
797						
798						
799						
800						
801						
802						
803						

（续表）

序号	称呼	书名与作者	时间	页数	一句评书	与人交流
804						
805						
806						
807						
808						
809						
810						
811						
812						
813						
814						
815						
816						
817						
818						
819						
820						
821						
822						
823						
824						
825						
826						
827						
828						
829						
830						

二、大家庭"百千万"本书阅读计划与记录

(续表)

序号	称呼	书名与作者	时间	页数	一句评书	与人交流
831						
832						
833						
834						
835						
836						
837						
838						
839						
840						
841						
842						
843						
844						
845						
846						
847						
848						
849						
850						
851						
852						
853						
854						
855						
856						
857						

(续表)

序号	称呼	书名与作者	时间	页数	一句评书	与人交流
858						
859						
860						
861						
862						
863						
864						
865						
866						
867						
868						
869						
870						
871						
872						
873						
874						
875						
876						
877						
878						
879						
880						
881						
882						
883						
884						

二、大家庭"百千万"本书阅读计划与记录

（续表）

序号	称呼	书名与作者	时间	页数	一句评书	与人交流
885						
886						
887						
888						
889						
890						
891						
892						
893						
894						
895						
896						
897						
898						
899						
900						
901						
902						
903						
904						
905						
906						
907						
908						
909						
910						
911						

(续表)

序号	称呼	书名与作者	时间	页数	一句评书	与人交流
912						
913						
914						
915						
916						
917						
918						
919						
920						
921						
922						
923						
924						
925						
926						
927						
928						
929						
930						
931						
932						
933						
934						
935						
936						
937						
938						

二、大家庭"百千万"本书阅读计划与记录

(续表)

序号	称呼	书名与作者	时间	页数	一句评书	与人交流
939						
940						
941						
942						
943						
944						
945						
946						
947						
948						
949						
950						
951						
952						
953						
954						
955						
956						
957						
958						
959						
960						
961						
962						
963						
964						
965						

（续表）

序号	称呼	书名与作者	时间	页数	一句评书	与人交流
966						
967						
968						
969						
970						
971						
972						
973						
974						
975						
976						
977						
978						
979						
980						
981						
982						
983						
984						
985						
986						
987						
988						
989						
990						
991						
992						

二、大家庭"百千万"本书阅读计划与记录

(续表)

序号	称呼	书名与作者	时间	页数	一句评书	与人交流
993						
994						
995						
996						
997						
998						
999						
1000						

　　我们全家读完1000本书共用了（　　　）月；我们共读了（　　　　　）页书，总字数达（　　　）万字。我们写下的阅读感受有（　　　）篇。
　　你们全家有没有继续读10000本的计划？（　　　）准备从哪天开始？（　　　）